王阳明心学

一代哲人教你修炼强大内心

张弛◎编著

中国商业出版社

图书在版编目（CIP）数据

王阳明心学 / 张弛编著 .—北京：中国商业出版社，2014.1

ISBN 978-7-5044-8379-9

Ⅰ.①王… Ⅱ.①张… Ⅲ.①王守仁（1472 ~ 1528）—心学—研究 Ⅳ.① B248.25

中国版本图书馆 CIP 数据核字（2014）第 022339 号

责任编辑：张振学

中国商业出版社出版发行
010-63180647 www.c-cbook.com
（100053北京广安门内报国寺1号）
新华书店总店北京发行所经销
三河市龙大印装有限公司
*
710×1000毫米 16开 14印张 221千字
2014年5月第1版 2014年5月第1次印刷
定价：32.00元
* * * *
（如有印装质量问题可更换）

前　言
Preface

心无定力的人，哪怕是遇到一点点不满，往往就会让他们冲动和恼怒。

心理脆弱的人，只要遇到一点儿挫折，他们往往就会走向极端。

心怀鬼胎的人，要是有一点儿风吹草动，他们可能会惊慌失措，感到不安。

意志薄弱的人，一个小小的失败，往往会让他堕入迷茫或失落的深渊。

……

不难看出，我们一不小心就会被悲伤、愤怒、抑郁、失落和寂寞等消极情绪所笼罩，这不仅会让我们痛苦不堪，有时还会误导我们作出错误的选择，甚至走上人生歧途……

马加爵，因为家中贫穷，常常为生活担忧、为生计发愁，导致他心理扭曲。最终，让这个学习成绩还算优秀的人犯下杀害多名同学的滔天大罪。

——马加爵的人生就毁在了长期的忧愁和憋闷中。

一位世界级的斯诺克球手，在自己的赛点决胜局的战斗中，看到一只小苍蝇在自己的头上盘旋，挥之不去。被激怒了的球手顿时心烦意乱……结果连失 4 局，输掉了这场对他来说非常重要的比赛。

——这位球手输给了一时的焦躁。

2006年，原本已经要退役的齐达内世界杯再次复出，在他的带领下，法国队挺进了世界杯的决赛。可是，在世界杯的决赛上，面对对手马特拉奇一句挑衅的话，齐达内将头猛烈撞在马特拉奇的胸膛上！这个举动让裁判罚下了这位法国队的核心队员。随后，阿根廷队以微弱的优势战胜了法国队。

——法国队败给了齐达内那瞬时的冲动。

世界如此险恶，怎样才能内心强大？现实如此浮躁，如何走出心灵迷茫？命运如此残酷，怎样获得幸福人生？解放心灵的导师在哪？

王阳明，是中国历史上唯一没有争议的立德、立功、立言三不朽的圣人，是曾国藩、梁启超、伊藤博文、稻盛和夫等中外名人共同的心灵导师。王阳明创立了解决一切心灵问题的利器——“阳明心学”，这是集儒、释、道三家之大成，是500年来中国人最精妙的神奇智慧。曾国藩研习阳明心学，编练湘军平定太平天国，历时十二年克尽全功；稻盛和夫将阳明心学应用于现代企业管理，缔造了两家“世界500强”企业，成为日本“经营之圣”……读懂了阳明心学，没有任何人能伤害你，没有任何事能困扰你！

“阳明心学”，能够最大限度地开发个体生命和心灵的潜能，使自身的精气神与道一体化。阳明心学是净化心灵的工具，与真善美相契合。穿越时空，让我们与这位圣哲对话，聆听王阳明的思想，以此来净化我们的心灵，塑造成功心理与高尚人格。

目 录
Contents

第一辑 修炼内心，强大心灵百毒不侵

第二辑 审视心神，知人者智自知者明

第四辑　成事在心，心之所向终能抵达

第五辑　品行端正，良知在心可做圣人

第六辑 心胸宽阔，忍耐包容没有敌手

第七辑 知足寡欲，看淡看轻从不动心

第十辑 知行合一，戒除臆想赢在实践

第一辑
修炼内心，强大心灵百毒不侵

很多时候，人力量的大小不在于躯体强弱，而是在于内心的强大。阳明心学，就是一盆盛开的鲜花，他会让我们的心灵永葆纯洁，以至一点污秽都立即察觉。它能最大限度地开发个体生命和心灵的潜能，使自身的精气神与道一体化，与真善美相契合。

认识内心的巨大力量

于丹曾经这样说过："一个人的内心世界是无穷大的，它所包含的力量也是无限的。我们永远也想象不到我们的内心所能承载的重量、达到的境界是在哪里。"

的确，一个人的内心世界是无限宽广的，不同的人有不同的看法；有人认为是"善"，有人认为是"恶"。但是，明代著名学者王阳明却不是这样单纯地来看待人的内心本质，他认为，人的内心世界是充满力量的，这种力量能够改变单纯的善和恶，让人达到一个奇妙的境界。

陆原静曾经给王阳明写了一封信，信上说："尝试于心，喜怒忧惧之感发也，虽动气之极，而吾心良知一觉，即惘然消阻，或遏于初，或制于中，或悔于后。"

王阳明回答说："知此则知未发之中，寂然不动之体，而有发而中节之和，感而遂通之妙矣。"

在这里，其实就是讲了陆原静体验过的一种心境：一个人喜怒忧惧的感受发生了，虽然他的情绪波动到极点，但是只要那个人心中的良知觉醒了，种种不良情绪就能立即涣然消失，有的在萌生恶意之前就被遏制，有的在发生的过程中受到制止，有的在过后才及时悔改。王阳明也对他的这种认识持肯定态度。他觉得一个人若能认识到这一点，就能进一步认识到喜怒哀乐等情绪还没有发出来时的那种不偏不倚、寂然不动中的"中"的境界，而又有各种情绪表现出来都能合于节度，无论什么事都应对得体的"和"的状态。

从王阳明和陆原静的书信来往中，我们能够看出王阳明重视人的内心的力量，他觉得一个人的内心力量很强大，这种力量甚至能够控制一个人的喜怒哀乐，让一个人的心性保持纯洁，达到一种"和"的状态。

王阳明关于内心力量的言论是非常值得我们学习的，尤其是在当今社会，人们的内心越来越浮躁、不安，人人都被各种各样的外界因素困扰，甚至还有损害他人和自己的偏激行为，究根结底，就是因为人们的内心力量不够强大，面对一点儿事情就能产生很大的情绪波动，从而影响整个人的精神状态。

但凡事业有成的成功人士，他们的内心往往都是非常强大的。他们能够勇敢地面对不期而遇的磨难和痛苦，在这些困难面前能够进行自我调节，让自己在面对逆境时始终保持最佳的心理状态，做到从容应对。

王阳明和一位朋友在南镇游玩时，朋友指着石头中的一棵花树问道："天下无心外之物，如此花树，在深山中自开自落，于我心亦何相关？"

王阳明回答道："你未看此花时，此花与汝心同归于寂。你来看此花时，则此花颜色一时明白起来，便知此花不在你的心外。"

在王阳明看来，心是一种巨大能量的象征。他认为，世界上的一切问题都可以在自己的心中找到答案。内心世界充满力量的人能够在顺境中不骄不躁，在逆境中不气不馁，面对人生的高潮和低谷都能够以一颗平常之心淡然处之。所以，我们要像王阳明一样，经常反省自己，勤于修养我们的身心，培养我们的意志，壮大我们的内心力量，这样才会使我们的人生不受外界因素的干扰，方才获得一方宁静、幸福的天地，领悟人生的真谛。

❖ 跟王阳明学心学智慧

一个人只有内心强大了，他才会勇敢地面对困境，才能不惧怕失败，才能在挫折面前挺直腰杆，坚强地走下去。

心主宰你的生命活动

心是什么？王阳明说："心为神之舍，血之主，脉之宗，在五行属火，为阳中之阳……"他的意思是说心起着主宰人体生命活动的作用。从生理的角度看，心是思想的主宰，人的一切行为都来源于心的指挥。

有一位虔诚的信徒，每天都从自家的花园里，采撷鲜花到寺院供佛。

一天，当她送花到佛殿时，碰巧遇到无德禅师从法堂出来，无德禅师非常欣喜地说道："你每天都这么虔诚地以香花供佛，来世当得庄严相貌的福报。"

信徒非常欢喜地回答道："这是应该的，我每天来寺礼佛时，自觉心灵就像洗涤过似的清凉，但回到家中，心就烦乱了。我这样一个家庭主妇，如何在喧嚣的城市中保持一颗清净的心呢？"

无德禅师反问道："你以鲜花献佛，相信你对花草总有一些常识，我现在问你，你如何保持花朵的新鲜呢？"

信徒答道："保持花朵新鲜的方法，莫过于每天换水，并且在换水时把花梗剪去一截；因为花梗的一端在水里容易腐烂，腐烂之后，水分就不易吸收，容易凋谢！"

无德禅师道："保持一颗清净的心，其道理也是一样。我们生活的环境像瓶里的水，我们就是花，惟有不停净化我们的身心，变化我们的气质，并且不断地忏悔、检讨、改进陋习、缺点，才能不断吸收到大自然的精华。"

信徒听后，欢喜地作礼，并且感激地说："谢谢禅师的开示，希望以后有机会亲近禅师，过一段寺院中禅者的生活，享受晨钟暮鼓、菩提梵唱的宁静。"

无德禅师道："你的呼吸便是梵唱，脉搏跳动就是钟鼓，身体便是庙宇，两耳就是菩提，无处不是宁静，又何必等机会到寺院中生活呢？"

是啊，热闹场中亦可作道场；只要自己丢下妄缘，抛开杂念，哪里不可宁静呢？如果妄念不除，即使住在深山古寺，一样无法修行。

王阳明用一生的经验总结出一句话：“心”左右一切。做好事来源于内心，做坏事也来源于内心。心中所想会影响我们的行为，正如王阳明所说：“心体上着不得一念留滞，就如眼着不得些子尘沙。些子能得几多，满眼便昏天黑地了。”“这一念不但是私念，便好的念头亦着不得些子。如眼中放些金玉屑，眼亦开不得了。”意思是说，人的心体上不能存留一丝杂念，就像眼里揉不得一点沙子。一点沙子没有多少，却使人满眼昏天黑地，看不清世界、这一念头不仅仅是指那些恶的私念，就是好的念头也不能存留。王阳明以此劝诫人们时时保持自己的良知，不让它被物欲所沾染。

王阳明在传习录说到自己的思想变化，他说：“大家都说格物要按照朱熹的说法去做，但什么时候按照朱熹的说法去做？我是实实在在地照着去做的。早年的时候，我曾经和一个姓钱的朋友一起讨论如何做圣贤，要格尽天下之物，到如今再也没有这么大的精神气了。因此我们两个人看到亭子里有竹子，我们两个就去亭中的竹子上去格物。我那姓钱的朋友早上和晚上都去对着亭子中的竹子去格物，要弄清楚竹子的道理，用尽了心思，整整用了三天的时间，最后因为过度伤神和疲劳而生病了。我当时说他这是因为精力不足，我就亲自上阵，自己去格，从早上到晚上都不知道其中的道理，到了第七天，我也因为精力耗尽而生病了。所以和朋友一起感叹圣贤是做不了的，也没有那么大的力量去格物了。后来我在贵州少数民族的地方生活了三年，也明白了这个意思，天下的事物本来就没有可以格的。实际上格物的功夫，只在身体和心灵上做，就非常肯定是人人都可以做到，便有小功夫的地方了。”

可见，王阳明非常关注内心的修养，这或许也是他能成为一代圣哲的原因。因此，我们要时刻关注自己内心的想法。不让世俗的虚名侵占自己的心灵，失去自我。

❖ 跟王阳明学心学智慧

只要我们每个人有自己独立的思想，那么在任何复杂的世界、任何复杂的时代、任何复杂的环境，都可以永远保持自己最初开始时的心境，保持自己的良知，并不断地按照良知来进一步“格物”，才可以真正做到“致知在格物，物格而后知至”。

保持童心，你的世界才真实

很多人有这样的感受：人在社会混久了，挫折受多了，艰难困苦经历了，或者心染污了，变得有杂质了；或者本来很爽直的，变得不敢说话了；或者本来很坦白的，变得拐弯抹角了；或者本来有抱负的，最后变得很窝囊了，凡事弄权要奸，虚伪掩饰，活得很痛苦。怎样才能摆脱这些呢？

王阳明认为，人心的本体原来是明白清楚的，可由于气量的拘束和物欲的蒙蔽，逐渐变得昏暗模糊了。如果人们只是想要穷尽天下万事万物的道理，却不向自己的内心探求，舍弃了自我的良知，本心被蒙蔽，自然就看不清善恶的原因，体察不到真假的异同。

只有当蒙蔽本心的那些物欲被清除，本心恢复纯明，才能真正激发心的巨大能量。这就要求人们的内心回归到纯朴自然的状态，回到初来人世时那头脑空空的初心之境，具体说就是重返童心，做回心灵上的儿童。这也是人们后人在王阳明的“本心”之上衍生出“童心说”的基础。

关于童心，继承王阳明思想的明代哲学家李贽作出如下解说：“夫童心者，真心也；若失却童心，便失却真心；失却真心，便失却真人。”在他看来，所谓童心，就是人在最初未受外界任何干扰时一颗毫无造作、绝对真诚的本心，不掺杂任何虚假的纯真，是人内心中的一念之本，是那瞬间萌动的“天真”。如果失掉童心，便是失掉真心；失去真心，也就失去了做一个真人的资格。而人一旦不以真诚为本，就永远丧失了完整的人格，心的巨大能量也就被压制了。

儿童，是人生的开始；童心，是心灵的本源。那么，在现实中，心灵的本源怎么可以遗失呢？

人们初临人世的时候，只是一个头脑空空的婴儿，只懂得饿了要吃，困了要睡，不懂得男女之间的色欲，不懂得功成名就、家财万贯的荣耀，他们什么都不知道，只以一颗纯真的初心，好奇地观望这个世界，享受这个世界带给他的每一丝欢乐。随着人们渐渐长大，原本纯洁的心沾染上世俗的尘埃。人在启蒙时期，通过耳闻目睹会获得大量的感性知识，长大之后，又学到更多的理性知识，而这些后天得来的感性见闻和理性道理一旦进入人的心灵，童心也就遗失了。久而久之，听到、看到的道理日益增多，所能感知、觉察的范围也日益扩大，从而明白美名是好的，就千方百计地去发扬光大；知道恶名是丑的，便挖空心思地来遮盖掩饰，这样一来，童心就不复存在。

童心一旦失去，说出的话便是言不由衷；处理事情，也没有真诚的出发点；写的文章，也无法明白畅达。一个人如果不是胸怀美质而溢于言表、具有真才实学而自然流露，那么从他嘴里连一句有道德修养的真话也听不到。

那么，人为什么要保持童心呢？保持童心也就是保持真实。当你用虚假面对世界时，世界回应你的也只能是虚假。因为人一旦以虚假为本，一举一动就无不虚假，由此去对假人说假话，正是投其所好；跟假人讲假事，他肯定信以为真；跟假人谈假文章，他必然赞赏有加。这可真是无妙不假，便无所不喜。满天下全是虚假，俗人哪里分辨得出真伪。在这样一个虚伪的世界里，看不到真相的人们难免做出错的决定，走上错误的道路，做出错误的事情，而这一连串错误所累积而成的人生必将痛苦不堪。

❖ 跟王阳明学心学智慧

要想摆脱这虚假、痛苦的生活，必须寻回童心，从此时此刻起开始重返童心，真实地面对自己，面对世界。

让心回到最初的澄澈

庄子说，水的本性，不混杂就会清澈，不搅动就会平静，闭塞不流动也就不会纯清，这是自然本质的现象。所以说，纯净精粹而不混杂，静寂持守而不改变，恬淡而又无为，运动则顺应自然而行。

对于庄子的这段话，王阳明是这样解释的：“水的本性是清澈平和的，如果搅动它就会变得混浊，如果堵塞住不让它流动，它也就不会纯清了。这和人心是一致的。”在王阳明看来，人心的本初都是清静明澈如水一样的，但是流落于世，渐渐被欲望所迷惑，就像是往水中倒进了泥沙一样，也就渐渐变得混浊起来。只有懂得顺应天道的人，才能使自己的心重回当初的澄澈。

其实名利富贵这些欲望就是人心的杂质。人心重回当初的澄澈，也就是视名利若浮云，名利最多也只是投映在水面的影子，而触不到他们内心。

清朝时，出身于农家的于成龙少有大志，自幼过着耕读生活，受过较正规的儒家教育。

顺治十八年，已44岁的于成龙，不顾亲朋的阻拦，抛妻别子，怀着“此行绝不以温饱为志，誓勿昧天理良心”的抱负，接受清廷委任，到遥远的边荒之地——广西罗城为县令。

罗城新隶于清统治下不到两年，由于局势未稳，两任知县一死一逃。于成龙到罗城时，这里遍地荒草，城内只有居民六家，茅屋数间，县衙穷得连门墙都没有，只有三间破草房，他只得寄居于关帝庙中。于成龙从山西老家带来的一位仆人忍受不了这样的清苦，就对于成龙说：“当官如果是这个样子，还有谁愿意当官呢？你应该请求调离此地，否则还不如回老家呢。”

于成龙说：“我本来就是农家子弟，现在能当上知县，为百姓做事，还有什么不满足呢？和这里的百姓相比，我们并不算清苦，你就不要抱怨了。”

于成龙知足常乐，为百姓到处奔走。他那个仆人见劝不动他，又不甘心跟着他吃苦，竟然偷偷逃跑了。

罗城的百姓见于成龙是真心为他们办事，便自发地前来看望他，有的还给他带来了一点钱物。于成龙说：“我一个人用不了多少钱，你们的心意我领了。钱物我绝不能收下，这是我做人的准则啊！”

罗城百废待举，于是，于成龙一边着手消除内忧外患、安定社会，另一方面又开始招募流民，恢复生产。三年之间，就使罗城摆脱混乱，得到治理，出现了百姓安居乐业的新气象。

康熙六年，于成龙被两广总督芦光祖举荐为广西省惟一“卓异”，并升任四川合州知州。离罗城时，他连赴任的路资也没有，出现了百姓“遮道呼号：‘公今去，我侪无天矣！’追送数十里，哭而还”的感人情景。

后来于成龙升湖广下江陆道道员，驻地湖北新州。在湖北期间，无论地位和环境都有很大改善，但他仍然心清如水，保持了异于常人的艰苦生活作风。

康熙十七年，于成龙升福建按察使离湖北时，依然一捆行囊，两袖清风，沿途以萝卜为干粮。

于成龙在20余年的宦海生涯中，历任知县、知州、知府、道员、按察使、布政使、巡抚和总督、加兵部尚书、大学士等职，虽然官阶越升越高，但他的心却没有被宦海中的各色欲望所腐蚀，仍然是那样清澈，没有混杂，始终活泼地流动着，充满了盎然生机。

人们通常认为，一个人在官场上，最开始时的那片清正廉明之气是很难保持长久的，是很容易就被官场上的一些恶习所污染的。其实这是因为他们的心不够清净，如果都能像于成龙那样，心如水质一般的清澈，便是有泥沙倾倒下来，不过是晃上几晃，泥沙尽可沉底，水质仍是一片清明。所以环境的恶劣混浊并不是理由，一个人若是真正想要坚持内心的原则，任何外界的东西都是动摇不了他的。

❖ 跟王阳明学心学智慧

现代生活中处处可见名闻利扬，但是我们可以秉持自己内心的清正，让自己如流水一样澄澈明净，不被混染。虽然我们不可能生活在真空里，但是却可以让所有尘埃都沉到水底，只留水一样的清净。

做自己心神的主宰者

道寂静无声而没有形迹，变化万端而没有常规，它与生死相依，与天地并存，与神明同往！它从哪里来？要到哪里去？它包罗万象，不知归宿，古代的道术有属于这方面的。庄周听说道术就喜好它。他以悠远的论说，广大的言论，无拘无束的言辞，常放任而不偏执，不持一端之见。他认为天下沉浊，不能讲严正的话，用无心之言来敷衍，引用格言使人觉得真实，运用寓言来推广道理。独自和天地精神往来而不傲视万物，不拘泥是非，与世俗之人和睦相处。

对于庄子的道学，王阳明认为他多了一点神秘色彩。王阳明的理解是：要把握住造化之主，才能够超然于物外，超出万物的范围之外，所以庄子告诉我们“物化”的自在。庄子同时也在这个观念里告诉我们，人也是万物之一，人可以“自化”，我们这个有限的生命也可以转化成无限的生命，有限的功能可以变化成无限的功能。

王阳明说：人们无必要去论庄子是唯物还是唯心，他“独与天地精神往来”的境界却值得欣赏。这句话的意思，不是说要做一个伟岸不群的世外高人，而是保持精神独立，顺应天地之道，在有为无为之间，顺其自然，平和地看待万事万物，清不喜、浊不嫌，不去责备世间的是是非非，不怨天、不尤人，宠辱不惊，不受世俗左右，也不排斥世俗，以便能与大众融洽地相处，身处红尘之中，心游天地之外。

其实，一个人要达到王阳明所说的这种境界，他的心灵就能获得大自由、大自在。

宋神宗熙宁七年秋天，苏东坡调任密州知州。当时密州因连年收成不好，到处都是盗贼，吃的东西十分缺乏，苏东坡身为知州，还时常挖野菜做口粮。人们都认为东坡先生过得肯定很苦，不快乐。

谁知苏东坡在这里过了一年后，不但长胖了，已有的白头发有的也变黑了。这是为什么呢？

苏东坡说，我很喜欢这里淳厚的风俗，这里的官员和百姓也都乐于接受我的管理。于是我有闲自己整理花园，清扫庭院，修整破漏的房屋。在我家园子的北面，有一个旧亭台，稍加修补后，我时常登高望远，放任自己的思绪，作无穷遐想。我还可以自己摘园子里的蔬菜瓜果，捕池塘里的鱼儿，酿高粱酒，煮糙米饭吃，真是乐在其中。

我之所以能每时每刻都很快乐，关键在于不受物欲的主宰，而能游于物外。过着老子所说的“甘其食，美其服，安其居，乐其俗”的生活。

那么，如何才能达到“独与天地精神往来”这种境界呢？在王阳明的哲学里，我们可以发现以下观点：

第一，以平等心态看待每一个人。中国有过数千年专制统治，人们习惯于用高低贵贱来看待人，都想做人上人，这就难免经常心态失衡。所以，教育家陶行知先生说：“不要做人上人，不要做人下人，不要做人外人，要做人中人。”只有把自己放在与众人平等的地位，就可能保持平和的心态。

但是，人处在社会上，财富地位不均衡，是客观存在的事实，如何能获得平等的心态呢？

人生也是如此！有时候，这拨人浮上来，那拨人沉下去；有时候，那拨人浮上来，这拨人又沉下去。社会是动态的，人生是动态的，其实，无论这只红薯浮上来，还是沉下去，都是一只红薯，大同小异；无论这个人地位高低，都是人中人，人格平等。想通了这个问题，你就会真正获得平等的心态。

第二，宠辱不惊，淡然处之。每个人的修养不同，有的人修养好，那是他的福分；有的人修养不好，那是他的不幸。在修养好的人面前，你可能得到友善对待；在修养不好的人面前，你可能得到粗暴对待。为此沾沾自喜或愤愤不平，毫无必要。一个人只要确定自己所言所行没有过错，不论别人的态度如何，都不妨淡然处之。

第三，不执着于对和错。一件不好的事情发生后，人们习惯于争论谁对谁错。有时候，这种争论只会错上加错。所以，与其执着于对错，不如考虑如何改正错误。只要能使事情好转，即使一言不发又有何妨？

第四，保持内心的平静快乐，不受外界境遇所左右。人生有顺有逆，把它们看成自然之事就可以了，用不着顺境时得意洋洋，逆境时垂头丧气。

❖ 跟王阳明学心学智慧

如果一个人能真正做到“游于物外”，官大官小不系于心，钱多钱少毫不在意，有名无名也不在乎，贫富得失淡然处之，怎么会不快乐呢？

不被身处的环境所束缚

生活，有时绚丽得美不胜收；有时却又残酷得让人不寒而栗。当面对顺境，喜不自持，而面对逆境，却又悲观苦恼。正所谓境由心造，当心得到净化，无论处于怎样的境遇，都能不为所动，从容面对。

生活充满了种种偶然与不测，很多人的心情都容易因此受到影响，使得精神无时无刻不在忐忑不安之中。而要沉着冷静地去面对，则需如王阳明所说的“涤荡内心”。不管是顺境还是逆境，都要静心不动，静心即净心。平常人想要净心的时候，往往习惯于用理性去控制，但这样做的结果可能适得其反。告诉自己“不能动心，不能动心”，这个时候心已经动了。提示自己“心不能随境转”这个时候心已经转了。

王阳明说，有意去找寻宁静，这个时候已经不宁静了。真正的净心不是特意去控制它，也不是刻意去把握它。什么时候都知道自己的心，心自然而然就不动了。心不动了，人就不会为外界的诱惑所动，从而净化自身。

仰山禅师有一次请示洪恩禅师道：“为什么吾人不能很快地认识自己？”

洪恩禅师回答道：“我给你说个譬喻，如一室有六窗，室内有一狝猴，蹦跳不停，另有五只狝猴从东西南飞窗边追逐猩猩。猩猩回应，如是六窗，俱唤俱应。六只狝猴，六只猩猩，实在很不容易很快认出哪一个是自己。”

仰山禅师听后，知道洪恩禅师是说吾人内在的六识（眼、耳、鼻、身、意）和追逐外境的六尘（色、声、香、味、触、法），鼓噪繁彼此纠缠不息，如空中金星蚌蟒不停，如此怎能很快认识哪一个是真的自己？因此便起而礼谢道：“适蒙和尚以譬喻开示，无不了知，但如果内在的狝猴睡觉，外境的猩猩欲与它相见，且又如何？”

洪恩禅师便下绳床，拉着仰山禅师，手舞足蹈似的说道：“好比在田地里，防止鸟雀偷吃禾苗的果实，竖一个稻草假人，所谓‘犹如木人看花鸟，何妨万物假围绕？’”

仰山终于言下契入。

为什么人最难认清自己呢？主要是因为真心被掩盖了。就像一面镜子，布满灰尘，就不能清晰地映照出物体的形貌，真心没有显现出来，妄心就会影响人心，时时刻刻攀缘外境，心猿意马，不肯休息。

心不动才能真正认清自己，遇到顺境不动，遇到逆境也不动，不受任何外在的影响。现代人的状况大多相反，遇到顺境的时候高兴得不得了，遇到逆境的时候痛苦得不得了，这就带来许多痛苦。其实，我们遇到的任何外境都一样，如果我们能够了解这一点，就不会被六尘所诱惑，也不会被六识所蒙蔽。

实际上，顺境跟逆境不过是一体两面而已，一个是手背，一个是手心。顺境时得意忘形，逆境时失意忘形，都是不对的，换句话说，是心有所住。有所住，就被一个东西困住了，就得不到解脱。要想真正解脱，并不是去崇拜偶像，也不是迷信权威，而是要心无所住，心不为动。这样，面对任何事情，物来则应，过去不留。

外面再美的景致，也无法使我们的心得到真正的休息，反而白白浪费掉精力。王阳明启示我们，把浑浊动荡的心澄清，不要刻意去欢喜、悲伤。就好似看一池生长于污泥中的荷花，池边的观赏者有人欢喜有人忧，可是一池的荷花却在那里，不动，不痴，也不染，荷花只是荷花。

❖ 跟王阳明学心学智慧

人如果也能像荷花一样，不被外物牵绊，活出真我，心便能回归寂静，生活也就不会被境遇随意差遣。

一定要做一个“富心人”

“家有良田千亩，一餐不过几碗白米；房有大屋百间，一夜不过三尺床榻”。这个世界虽有灯红酒绿、纸醉金迷的致命诱惑，然而占据财富的快感只是外在的、短暂的，而一个人的品行、才智、志趣、节操，才是内在的和长久的。贫富显示的是一种生活状态，并非是一种生活质量，更无法反映内心的强弱与否。因此，与其向人展示财富的多寡，还不如昭示心境修炼的高低。

王阳明曾经在《何陋轩记》中写下这样一段话：“昔孔子欲居九夷，人以为陋。孔子曰：‘君子居之，何陋之有？’阳明以罪谪龙场，龙场古夷蔡之外，于今为要绥，而习类尚因其故。人皆以予自上国往，将陋其地，弗能居也，而予处之旬月，安而乐之，求其所谓甚陋者而莫得。”这段话的意思是：孔子当年住在九夷那么荒凉的地方，连他的弟子都看不下去了，纷纷说老师不应该委屈自己，然而孔子却觉得自己可以用君子之风去影响当地的人，把先进的文化传播出去从而改变那里的习俗，这样一来，原本是简陋的地方也会渐渐变得繁华。我因为犯了错误而被贬到龙场来，这里在古代虽然是蛮荒地带，然而今天却成为了政府安抚少数民族的地方，无非是生活条件比较落后罢了。很多人觉得我从京城来到这样的地方根本难以居住，但是我却在这简陋之所生活得很安逸快乐。

龙场，贵州的一个偏远地区，在明朝时期可以说是一个不毛之地。王阳明被贬，从繁华的京城到了荒凉的龙场，按理说，王阳明的心中应该充满了不满。然而，王阳明没有抱怨，面对龙场简陋的一切，他都坦然处之、淡然待之。王阳明之所以被后人推崇，其中一个重要的闪光点就是他不惧怕环境对自己的影响，因为他自己就能够反作用于环境。

贵州龙场可以算作是一个“绿色地狱”，野兽遍地而且常年雾气弥漫，特别是驿站年久失修，除了适合老鼠居住之外没有什么招人喜欢的地方。为此，王阳明和他的跟班搭建了一个茅草棚子往了进去，后来担心野兽进来就改换到了山洞里。从小生长在官宦门第的王阳明不仅能适应这里的环境，还能按照孔子所说去改造当地人的生活方式。

当时龙场的居民们虽然说不上是刀耕火种、茹毛饮血，但其生活的状态与大明王朝的主流城市相比确实低下。王阳明目睹这种情况后，决心用自己的能力帮助他们改变这种欠缺文明元素的现状。为此，他抛弃了圣人对劳动的偏见，教给当地居民如何打土坯，如何用木头盖房子等等。而当地的居民礼尚往来，教给王阳明如何种粮食，如何辨别各种野菜等等，甚至还帮助他盖了几间房屋，后来被王阳明命名为龙岗书院。

也正是有了龙岗书院，才让王阳明拥有了一个可以宣传文化的平台，不仅拉近了他和当地人民之间的关系，更是将汉族文化带入到了少数民族地区，促进了文化的融合。

王阳明一直认为要想真正地学习到圣人之道，那就必须让自己的生活和龙场的简陋环境很好地融合在一起。为此，他在《始得东洞遂改为阳明小洞天》中写下了“邈矣箪瓢子，此心期与论”的诗句，意思就是拿自己和颜回作比较，能够忍受常人所不能忍受的贫困生活，求得精神上的富足。在龙场，王阳明的心境得到了修炼和提升，面对贫困和苦难，他始终坚守自己的信念，以追逐理想作为人生最大的乐趣，将安贫乐道当做自己快乐生活的准则，悟出了更深刻的道理，独辟蹊径创立了心学。

从更深的层次来看，王阳明认为只有具备了安于贫困生活的心理素质，才能真正学习到圣人的教化，不被现实和功名利禄所拖累，才能找到人生的意义，这就与佛家所说的持戒之道不谋而合。随着社会经济的不断发展，攀比的心态越来越渗透到每个人的观念之中，尤其是当炫富从一种新闻变成一种普遍现象的时候，也就是一个社会的价值观出现整体滑坡的时代。虽然财富在很多时候是一个人能力的象征，但是获得财富也需要机缘巧合，不是谁努力就一定能得到的。既然有了这个未知因素存在的大前提，就应当对贫富有个淡然看透的态度。

一般来说，当你越是远离物质生活的时候，你就会越能贴近自己的内心。所以，人生有点迷茫的时候，不要借酒浇愁放纵自己寻求什么解脱，那样只会让你的生活更乱更糟，不如背着一卷行李去乡间住上两天，或者去郊区徒步旅行，在远离都市繁华和喧嚣的时候，你的心境说不定就突然间升华了。

❖ 跟王阳明学心学智慧

我们要像王阳明那样，对金钱没有概念，也就少了相当多的烦恼，此外还得到了超然于物质之外的精神进修。

平常心能走出五浊恶世

“佛家认为，我们生活的世界是五浊恶世，寒热苦恼等相互污浊，已经容不得我们一刻居住。”他的弟子看到这句话，就问王阳明：“既然我们身处这样污浊的环境，应该怎么办呢？”王阳明回答说：“人当变故之来，只宜静守，不宜躁动。即使万无解救，而志守正确，虽事不可为，而心终可白；否则必致身败而名亦不保，非所以处变之道。”

世事难料，福祸变幻，当你突然遇到一些难于预料的事情发生时，能不能像王阳明那样保持平常心，处事不惊，从容面对呢？当你被误解、被诬陷、被冤枉之时呢？要想从容面对，保持一颗净化的心，谈何容易？必须有一个伟大的胸怀。有时候，要是没有可能改变身处的环境，那就去改变我们的心灵。也就是说，我们应该从净化内心开始。只有内心净化了，身外的环境也就得到了净化。反过来说，如果我们的内心没有净化，而是想尽方法来改善身外污浊的环境，就不会得到明显的效果。

石苞是西晋初期一位著名的将领，晋武帝司马炎曾派他带兵镇守淮南，在他的管区内，兵强马壮。他平时勤奋工作，各种事务处理得井井有条，在群众中享有很高的威望。

当时，占据长江以南的吴国还依然存在，吴国的君主孙皓也还有一定的力量，他们常常伺机进攻晋朝。对石苞来说，他实际上担负着守卫边疆的重任。

在淮河以北担任监军的是王琛。他平时看不起贫寒出身的石苞，又听到一首童谣说：“皇宫的大马将变成驴，被大石头压得不能出。”石苞姓石，所以，王琛就怀疑这“石头”是指石苞。

毫无理由地怀疑他人，陷人于不平之中，实在是不义之举。然而，王深还是这样做了。他秘密地向晋武帝报告说："石苞与吴国暗中勾结，想危害朝廷。"在此之前，风水先生也曾对武帝说："东南方将有大兵造反。"等到王琛的秘密报告上去以后，武帝便真的怀疑起石苞来了。正在这时，荆州刺史胡烈送来关于吴国军队将大举进犯的报告。

石苞也听到了吴国军队将要进犯的消息，便指挥士兵修筑工事，封锁水路，以防御敌人的进攻。武帝听到消息后更加怀疑，就对中军羊祜说："吴国的军队每次来进攻，都是东西呼应，两面夹攻，几乎没有例外的，难道石苞真的要背叛我？"羊祜自然不会相信，但武帝的怀疑并没有因此而解除。凑巧的是，石苞的儿子石乔担任尚书郎，晋武帝要召见他，可他过了一天时间也没有去报到，这就更加引起了武帝的怀疑，于是，武帝想秘密地派兵去讨伐石苞。

武帝发布文告说："石苞不能正确估计敌人的势力，修筑工事，封锁水路，劳累和干扰了百姓，应该罢免他的职务。"接着就派遣太尉司马望带领大军前去征讨，又调来一支人马从下邳赶到寿春，形成对石苞的讨伐之势。

石苞一点儿也不知道武帝对他的猜疑。到了武帝派兵来讨伐他时，他还莫明其妙。但他想："自己对朝廷和国家一向忠心耿耿，坦荡无私，怎么会出现这种事情呢？这里面一定有严重的误会。一个正直无私的人，做事情应该光明磊落，无所畏惧。"于是，他采纳了孙铄的意见，放下身上的武器，步行出城，来到都亭住下来，等候处理。

武帝知道石苞的行动以后，顿时惊醒过来，他想：讨伐石苞到底有什么真凭实据呢？如果石苞真要反叛朝廷，他修筑好了守城工事，怎么不作任何反抗就亲自出城接受处罚呢？再说，如果他真的勾结了敌人，怎么没有敌人前来帮助他呢？想到这些，晋武帝的怀疑一下子消除了。

后来，石苞回到朝廷，还受到了晋武帝的优待。

从石苞的经历中，我们可以看出，石苞用内心的平静，打消了武帝的猜忌，也回击了来自于外界的诽谤，从而为自己平息了一场灾难。如果石苞面对这样的诽谤事件，面对大兵压境的紧急关头，如果没有一个平常心，而慌了心神，必然会做出蠢事和傻事，从而使自己陷入万劫不复的深渊。

❖ 跟王阳明学心学智慧

俗语说："平时没做亏心事，半夜不怕鬼敲门。"也就是说，当我们面对突发事件和紧要关头时，一定不要慌张，要冷静下来，保持清醒的头脑，保持一个清静的心态，坦然面对要发生的事情。

心清净是人生的幸福之源

在王阳明看来，云在天空，水在瓶中，都是事物的本来面貌，没有什么特别的地方。站在佛教徒的立场，领会事物的本质，悟见自己的本来面目，像青天的白云一样，自由自在，也就达到一种做人的境界了。这也是一种顺其自然、没有分别矫饰，不加强求的心态，是超越染净对待自然生活、清净自性心的全然显现。所以王阳明这样说过："用道给对方开导，教他如何解开心结，使其不平衡的地方获得疏解，这时纵然得不到大乐，也必似活在人中富贵环境中。"事实真的就像王阳明说得那样吗？

李翱非常钦佩惟严禅师的禅道，做朗州刺史时，曾多次邀请惟严禅师下山参禅论道，但都被惟严拒绝了，所以李翱决定亲身去拜见惟严禅师。

李翱去拜见禅师的那天，非常巧的是遇见禅师正在山边树下看经书，但禅师却毫无起迎之意。随从提醒惟严说："太守已等候您多时了。"惟严禅师只当没听见，只是闭目养神。

李翱是一个急性子的人，看到禅师这种冷漠的态度，忍不住怒声斥道："真是见面不如闻名！"说完便拂袖欲去。

惟严禅师这时候才慢慢睁开眼睛，缓缓地说："太守为何相信远的耳朵，而轻视近的眼睛呢？"

李翱听了大惊，忙转身拱手谢罪，并请教什么是"戒定慧"。

"戒定慧"是北宗神秀倡导的渐修形式，即先戏而后定，再由定生慧。但惟严禅师是石头希迁禅师的法嗣，属于惠能的南宗，讲究的不是渐修，而是顿悟法门。因此惟严禅师回答说："我这里没有这种闲着无用的家具！"

李翱听后丈二和尚摸不着头脑，只得换一个话题问道："大师贵姓？"

惟严禅师说："正是这个时候。"

李翱更弄不明白了。这时，站在一旁的寺院的总管悄悄对李翱说："禅师姓韩，韩者寒也。时下正是冬天，可不是'韩'吗？"

惟严禅师听到后哈哈大笑说道："胡说八道，若是他夏天来也如此问答，难道我姓'热'吗？"

气氛顿时轻松多了。

他又问禅师什么是禅道。惟严禅师用手指指天，又指指地，然后问他道："理会了吗？"

李翱摇摇头说："没有。"

这时，突然一道阳光射了下来，正巧照见瓶中的净水，李翱不禁随口念了一偈：

"炼得身形似鹤形，千株松下两函经。

我来问道元余说，云在青天水在瓶。"

不知李翱是否领会了惟严说的禅机，总之，这首诗最后成了千古绝唱。

"拥有一颗清净心，是幸福之源泉。"难道不是吗？现实中，我们整天为纷繁复杂的人际关系所左右，为身外之物所烦扰，为名位所刺激，我们的心怎么净得下来呢？烦恼自然时刻也不会远离我们。

曾经有多少人感叹：难得有几天清净的日子。工作太忙了、事情太多了、应酬太多了，妨碍了清净心。如何在繁忙的生活中，一直保持清净心，我们的身体在劳碌，但心地依旧清净，一尘不染，这就是定力。

生活要能事事如意、不受外界干扰，实在很不容易！既然人世间有这么多不如意的环境要面对，不如先自我净化，把内心的世界清净，这也就是修心要下的功夫。

❖ 跟王阳明学心学智慧

拥有一颗清净心，是幸福之源泉。因为我们整天为纷繁复杂的人际关系所左右，为身外之物所烦扰，为名位所刺激，我们的心怎么净得下来呢？烦恼自然时刻也不会远离我们。

第二辑
审视心神，知人者智自知者明

人在清扫心尘、修炼心性的同时，还应该关照人的内心特点。人只有勤于审视自己的内心，才能发现自我；通过对他人内心的审视，才能认识他人。古人说："知人者智，自知者明。"其实，自知和知人都是王阳明哲学的重要部分。

知人和自知是大智慧

从古至今中国人一直认为，在为人处事中，要时刻检点自己的行为，找出不足要加以改进，发现过失要加以改正。凭良心办事，即使别人看不见也不做坏事，即使别人听不见也不说坏话。不要因为坏事隐秘就去做，不要因为过失细微就去做，即使在一人独处时也言行谨慎，这才是君子的教养。

老子《道德经》中说："知人者智，自知者明。"只有自知，才能知人。王阳明看重自我省察。他说省察是有事的时候存养天理，存养天理是无事的时候省察。通过省察看清自己是成功的基础，不能因为境况的不如意而迷迷糊糊，混日子。

如果一个人无法认清自己，就容易骄傲自满，这就像装满了水的容器，稍一晃动，水便会溢出来。一个人若心里装满了骄傲，便很难听取别人的忠告，吸取别人的经验，接受新的知识。长此以往，必定故步自封，止步不前。

大禹时代，一个背叛的诸侯有息氏率兵入侵，夏禹派他的儿子伯启抵抗，结果伯启被打败了。他的部下很不服气，要求继续进攻，但是伯启说："不必了，我的兵比他多，地也比他大，却被他打败了，这一定是我的德行不如他，带兵方法不如他的缘故。从今天起，我一定要努力改正过来才是。"

从此以后，伯启每天很早便起床工作，粗茶淡饭，用心照顾百姓，任用有才干的人，尊敬有品德的人。过了一年，有息氏知道了，不但不敢再来侵犯，反而主动投降了。

像伯启这样，肯虚心地检讨自己，马上改正有缺失的地方，那么最后的成功，舍他其谁呢！伯启的经历与孔子的一句话很是契合，孔子说："已矣乎！吾未见能见其过而内讼者也。"孔子说："完了啊！我没见过能看到自己过失而深切自责的人。"孔子教育学生们要"修持涵养"，也就是注重修养。而"内讼"正是修养的一个不可缺少的部分。所谓"内讼"，简而言之，就是由内心对自己进行审判。怎么审判呢？就是在内心进行情感与理性、天理与人欲的权衡，找出自己的缺点，时时进行自我反省。

学到一点东西就自满自足，甚至不可一世、盲目骄傲，这都是可笑而且可怜的。只有对自己心存不满才能装下更多的东西，人生也便在日积月累中向上提升。

正确认识自己的人会随时随地修正自己的言行，他们从不会为了已有的知识和成绩感到骄傲，因为他们知道容器的容量虽然有限，心胸却可以无限扩展，他们总会把自己摆在最低的位置。

人生如秤，对自己的评价秤轻了，容易自卑；秤重了，又容易自大；只有秤准了，才能实事求是、恰如其分地感知自我，完善自我。对自己了然于心，知道自己有几许价值，才能做到自知之明。《吕氏春秋》中说："物固莫不有长，莫不有短，人亦然。"一个人不仅要了解自己的能力有多少，也要知道自己的长处和短处在哪里，才能借由不断的自我调整而进步。

自知之明来源于自我修养和自我慎独。因为自省才能自制自律，自律才能自尊自重，自重才能自信自立。自尊为气节，自知为智慧，自制为修养。人具备了自知之明的胸臆和襟怀，其人格顶天立地，其行为不卑不亢，其品德上下称道，其事业左右逢源。

自知之明与自知不明一字之差，两种结果。自知不明的人往往昏昏然，飘飘然，忘乎所以，看不到问题，摆不正位置，找不准人生的支点，驾驭不好人生的命运之舟，自知之明关键在"明"字，对自己明察秋毫，了如指掌，因而遇事能审时度势，善于趋利避害，其预期值就会更高。所以，王阳明说，人如果能学会自我省察，那么，愚蠢也会变得聪明，柔弱也会变得刚强。

❖ 跟王阳明学心学智慧

确实，人需要有自知之明，特别是在身处困境、地位低下的时候，一个人更应该反省自身，多思考一下自己的缺陷和不足、才能借由不断的自我调整而进步。

看到自己的价值所在

在王阳明看来，只有肯定生命价值才能发挥自我的潜能。他说："我们不要以为自己只有七尺肉身，能有多少能力？能有多少作为？其实生命里面有无限的价值，即使一个平民也能旋乾转坤。"

在王阳明的眼里，天生我材必有用，生命是一种存在，存在本身就是价值，活着本身就是意义。

其实，每个人都自己的价值，有的人看到了自己的价值而有的人没有看到自己的价值。雁过留声，人过留痕。生命存在的地方就会有它的痕迹，哪怕匆匆逝去，只有看到自己的人生价值，生命价值得以体现，才能够创造人生的辉煌。

草木荣枯才一春，人生匆匆仅一生。生命是宇宙中最伟大的奇迹，不管我们能存在多久，我们都应该好好的生活，去看去听，去想去感觉，去拥抱这个奇妙的世界，尽我们所能去了解我们的人生价值。

佛经上有这样一个寓言：

有一天，一只老鼠掉进了一只桶里，怎么也出不来。老鼠吱吱地叫着，它发出了哀鸣，可是谁也听不见。可怜的老鼠心想，这只桶大概就是自己的坟墓了。正在这时，一只大象经过桶边，用鼻子把老鼠吊了出来。

“谢谢你，大象。你救了我的命，我希望能报答你。”

大象笑着说：“你准备怎么报答我呢？你不过是一只小小的老鼠。”

过了一些日子，大象不幸被猎人捉住了。猎人用绳子把大象捆了起来，准备等天亮后运走。大象伤心地躺在地上，无论怎么挣扎，也无法把绳子扯断。

突然，小老鼠出现了。它开始咬着绳子，终于在天亮前咬断了绳子，替大象松了绑。

大象感激地说：“谢谢你救了我！你真的很强大！”

其实，每个生命都有自己绽放光彩的刹那，即使一只小小的老鼠，也能够拯救比自己体型大很多的巨象。说明了只要看到自己的价值，每个生命都能发出它的作用和光芒。故事中的这只老鼠正是“有价之人”，一个要是看不到自己的价值，那就是白费先前的修为，甚至是白费了自己的生命。

在这个世界上，没有什么事情是不能办成的，没有什么结果是不能改变的，只要你对自己有信心，事情往往就成功了一半。在前进的道路上，有时差的就是那自信的一步，前进一步便是不一样的人生。

有位佛学大师在风烛残年之际，知道自己时日不多了，就想考验和点化一下他那位平时看来很不错的弟子。

他把弟子叫到床前，说：“我的蜡所剩不多了，得找另一根蜡接着点下去，你明白我的意思吗？”

“明白。”那位弟子赶忙说：“您的思想光辉是得很好地传承下去。”

“可是，”大师慢悠悠地说：“我需要一位最优秀的传承者，他不但要有相当的智慧，还必须有充分的信心和非凡的勇气，你帮我寻找一位好吗？”

“我一定竭尽全力。”

大师笑了笑。

那位忠诚而勤奋的弟子，不辞辛劳地通过各种渠道开始四处寻找了。可他领来一位又一位，都被大师婉言谢绝。一次，当那位弟子再次无功而返时，病入膏肓的佛学大师硬撑着坐起来：“真是辛苦你了，不过，你找来的那些人，其实都不如……”

“我一定加倍努力，”弟子恳切地说，“找遍五湖四海，也要把最优秀的人选挖掘出来。”

大师笑了笑，不再说话。

半年之后，大师看就要告别人世，最优秀的人选还是没有眉目。弟子非常惭愧：“我真对不起您，令您失望了！”

“失望的是我，对不起的却是你自己，”佛学大师很失意地闭上眼睛，停顿了许久，才又不无哀怨地说：“本来，最优秀的就是你自己，只是你不敢相信自己，才把自己给忽略、给丢失了。其实，每个人都是最优秀的，差别就在于如何认识自己、如何发掘和重用自己。”说完后，大师就这样永远地离开了他曾经深切关注着的世界。

那位弟子非常后悔也痛心，自责了自己没有明白师傅的用意。

为了避免自己也有这样的缺憾，你不妨把自己看高一点，认为这个世界上没有什么位置是你没有资格去占有的、没有什么东西是你不配享有的，然后信心十足地付出努力。你将发现，你的人生道路一下子变得豁然开朗了。

我们应该看到自己应有的价值，这样活才不会枉费生命。其实，每个人的价值犹如一座待开发的金矿，蕴藏无穷，价值无比，这是佛祖赋予每个人均等的能力。我们每一个人都有一座潜能金矿，不论是何种潜能，一旦你开始运用，就会如同启动开关按钮般，立刻在心底涌起某方面的自信，从而做出意想不到的成绩。这就是说，不是我们不能够走向成功，只是因为我们还没有把自身的价值发挥出来。

❖ **跟王阳明学心学智慧**

任何一个人，只要发挥出了足够的价值，就能成就一番惊天动地的伟业，就能够走向人生的巅峰。

人不能没有自知之明

你我皆凡人，却总妄想做一个非凡人，知物之好坏，而希望得其精而弃其糟，恨不能网天下之精华尽收己囊。正如王阳明所说：“人在世，不可取法，不可取非法。”明白自己的自身条件才是取诸于外的资本。如果你只知道要取物之精华而不知自己有没有与之相对等的能力，那就该是你一生中最大的憾事了。所以，人贵有自知之明。

虚云法师有一弟子名叫悦聪，悦聪悟性不高，生性懒惰，在寺院里却不甘于做哪些跳水扫地的事，整天梦想着得道成佛。

悦聪整天盘腿静坐，苦思冥想。一次，虚云法师便问他：“你这样盘腿而坐是为了什么？”

悦聪答道：“我想成佛。”

虚云法师听完后，拿了一块砖，在悦聪旁边的地上用力地磨。

悦聪问：“师父，你磨砖做什么？”

虚云法师答道：“我想把砖磨成镜子。”

悦聪又问：“砖怎么能磨成镜子呢？”

虚云法师说：“砖既不能磨成镜，那么你盘腿静坐又岂能成佛？”

悦聪问道：“要怎么才能成佛呢？”

虚云法师答道：“就像牛拉车子，如果车子不动，你是打车还是打牛呢？”

悦聪恍然大悟，从此放弃成佛的想法。

当砖不具有成镜的特性时，你永远都无法把它磨成镜子。相对于人而言，这种道理同样适用。很多人想改变外物，最难改变自己。然而，却不知想要改变外物必须先要改变自己。而要改变自己，必须先要认清自己。

一个人只有认清自己，才不至于有虚妄的想法。

王阳明有个手下有个武士，武功高强，德行也很好。有一天晚上行路，他随王阳明来到一座破庙就准备夜宿里面。走进去看看，里面空荡荡的，只有一口旧棺材，棺材盖子反过来盖着，留着缝隙。武士估计里面没人，便躺在棺材盖上睡觉。到了半夜，棺材突然摇晃起来，里面还发出声音："我要出来！"

"你是人？是鬼？"

"是人！"

"是什么人？"

"是讨饭的。"

武士笑着起来，让这个人伸出头来，一看，真和鬼一样丑。

那人问："你是什么人？"

武士答："士兵。"

这个人非常生气，嫌武士压在棺材盖上，进而还想动手打人。

王阳明笑说："武士躺在上面，你动都不能动，还想打人！"

被人压在身下，还要动手打人，可谓这个乞丐没有看清自己所处的形势。多亏是遇到了武士明理的人，要是遇到了一个蛮不讲理的人，打起架来，这个乞丐一定会吃大亏。其实人生在世做什么事都要看清自己。看清自己的能力，你才能找到自己的合适职位；看清自己所处的形势，你才能拿出正确的做法，看清自己的需要，你才能懂得追求什么……总之，人不能没有自知之明。

王阳明说："仔细地观照自己，在喧嚣的尘世留一片可以静憩身心的领地，倦时燃一炷兰香，悠然独坐，也许你可以突然顿悟、参透人生的玄机——知己察己，方能取外物之精华而弃外物之糟粕。"他在告诫人们，人应该看清自己的环境，看清自己的能力，看清自己的学识，看清自己的因缘，看清自己的家世，看清自己的志趣。尤如伯乐识马，韩愈在《马说》里慨叹："世有伯乐，然后有千里马，千里马常有而伯乐不常有。"韩愈意在慨叹人生际遇之不平。然而，你若无千里之才，安能稳享千里马之遇？你若无伯乐之智，安能识世间良驹？所以，要求诸于外必应先求诸于内。

❖ **跟王阳明学心学智慧**

人贵有自知之明，只有自知才能正确地评价自己，才不会犯错误，才会少受些苦。

自省是提升自己的途径

王阳明是一个重视自省的人，他曾经说过："天理人欲，其精微必时时用力省察克治，方日渐有见。"意思是指一个人只有保存天理去除私欲，在细节处进行适当的反躬自省，时间久了就能有所收获。

孔子有一个学生叫曾参，据说他每天都要从三个方面对自己进行检讨和反思：第一个是帮助别人办事的时候有没有尽心尽力，第二个是和朋友交往的时候有没有推心置腹，第三个是对老师传授的知识有没有认真复习。曾参这样对自己进行自省，所以他的缺点越来越少，长处越来越多，最终修炼成一个受人尊敬的人。

王阳明也立志要成为像曾参那样的人，时刻将自省当成了一种生活习惯。在他的少年时代，有一次去居庸关旅行增长见识，在饱览祖国的大好河山之后，王阳明回家见到父亲之后，就举起拳头表示自己将来要带着几万人马去征讨蒙古人的残余分支。面对儿子如此"不靠谱"的志向，父亲王华立即板着脸批评王阳明太狂傲了，根本没有半点谦虚谨慎的精神。起初，年轻气盛的王阳明觉得父亲思想太保守，对自己如此热血爱国的真心一点也不理解，但是过了几天之后，王阳明经由内心的深刻反省，这才渐渐意识到自己有点口出狂言，于是他红着脸向父亲承认了自己的错误。

这件事虽然只是王阳明人生成长道路上的一个小插曲，但是让他由此发现一个人要是不懂得看清自己会是多么可笑的事情。从此，王阳明就养成了自我省察的好习惯，时刻以圣人为终生的成长目标，将"格物穷理"当做自己的方法论和每天必须要完成的任务。不过，王阳明也逐渐发现，"格物"绝非一天两天就能看到成效的，所以他就利用这个漫长的过程不断反省自己提出的理论是否有缺陷，是否能经得起推敲和论证。就这样，王阳明通过不断地自我审视让心学的体系一点一点地建立起来，最终形成了一门让人叹为观止的学问。

王阳明有一位性子急躁的朋友，特别爱生气，而且动不动就会责怪别人哪里做得不好哪里应该改正，但他的话又没有多大的效果。

王阳明看到朋友这个样子，就找了个机会语重心长地规劝他说："学须反己，若徒责人，只见得人不是，不见自己非。若能反己，方见自己有许多未尽处，奚暇责人？舜能化得象的傲，其机括只是不见象的不是。若舜只要正他的奸恶，就见得象的不是矣。象是傲人必不肯相下，如何感化得他？"

王阳明对朋友有事就指责别人而不反省自己的作法并不赞同，所以他才苦口婆心地劝告朋友遇到问题应该先从自己的身上找毛病，而不是总用挑剔的眼光去审查别人，因为当他越是看见别人哪里不好的时候，他就越能发现别人身上的短处。反过来说，只有多审视一下自己，才能发现自己存在的缺陷，才能不断地给自己"更新升级"。

朋友听了王阳明的规劝之后，对自己原来的做法立刻感到了一种羞耻和惭愧，也对"自省"二字产生了深刻的感触。

王阳明看到自己的话起了作用，于是说："你今后只不要去论人是非。凡尝责辨人时，就把做一件大己私克去方可。"他的意思很直接，就是让朋友以后不要讨论别人的是是非非，如果你实在忍不住的话就把议论别人当成最自私的表现，估计你就能克制住了。

在王阳明的心中，是非曲直本来没有那么大的差别，很多时候也只是在毫厘之间罢了。

❖ 跟王阳明学心学智慧

因为自己的"对"就去攻击别人的"错"，这就是缺乏自省精神的典型症状，不仅能让你丢失人脉资源，还能让你迷失心性看不清最真实的自我，有百害而无一利。

检点不足才会得人喜欢

王阳明说：我在南都以前，心中尚有一些乡愿的意思在，乡愿是什么呢？是指那些看似忠厚，实际没有一点道德原则，只知道媚俗趋时的人。我现在相信自己的良知，是就是，非就非，按照良知去做事，没有遮遮掩掩，也没有畏畏缩缩，按照良知，该做什么就做什么，该怎么做就怎么做。我现在才是个狂者的胸怀，天下人说我行为但不掩饰自己的语言也没关系。

作为一个“狂者”，其实并不是说放开胸怀，随便说，随便做，不考虑后果，不考虑场合，想怎么样就怎么样，如果以为这样就是狂者，那么就有问题了。其实王阳明的目标是做一个圣人，做狂者其实是退而求其次。而这个狂者其实主要还是要依照良知去做事，只是做事的时候不注意自己的形迹，让别人觉得有点儿狂妄，仅此而已。所以王阳明说，狂者固然不错，但如能够检点一下自己的行为，注意一下自己的容止，看看自己有哪些不足，就变成了圣人了。

在生活中，我们不难看到，有些人总是对自己十分满意，看别人时满眼是缺憾，于是，在心里自以为高人一等，骄纵心不言而喻。当一个人缺少了一份平等心的时候，他也就脱离了群体，成了孤家寡人。这样的人，很难让人们喜欢。因此，要正视自己的不足，才能对这些不足加以防范和改正，才有利于长远发展。有弱点并不可怕，可怕的是有弱点了却愚昧地不能正视自己的弱点，那样才是真的毁了自己。

人生在世，不能自我陶醉，要经常性地、客观地与别人做下比较，找出不足。这样，才能抑制住自身的傲气。当一个人有了一份谦逊，他能赢得更多人的喜欢。

西汉景帝在位时，郑庄还年轻、官也小，只做到了“太子舍人”的官职。

在当时来说，郑庄的才学并不高，但是他却喜欢卖弄，他常对别人夸口说：“现在是太平盛世，我的才学没有用处。如果不是生不逢时，那么我的职位绝不会是这样低的。”

郑庄只叹怀才不遇，便不再精研学问，人们在背后都讥笑他。一次，郑庄的朋友带他参加一个宴会，座上都是高才大儒。郑庄在旁听他们谈论学问，很多都是他闻所未闻的，他一下惊呆了。

郑庄越听越惊，他向朋友说："这些人其貌不扬，想不到有如此才能，他们都是高官吗？"朋友神秘道："他们是朝中大儒，平日难得一见，我们只管多听多看好了。"

郑庄参加完宴会，神情一下严峻起来，他对朋友说："想起我从前自夸己能，真是太无知了。和那些人相比，我不过是个孩童罢了。"

朋友安慰他说："那些人不是一般人能比的，你不必自卑了。你我都还年轻，以后未必不及他们。"

郑庄认真道："同样为人，我不能和他们差距太大，我要努力的地方太多了。"郑庄从此发奋苦学，一有时间，他便拜访名儒，虚心地请教学问。他常常通宵达旦地接待有才能的人。

一次，郑庄招待宾客，宾客夸他年纪轻轻便学问了得，郑庄苦笑说："在下从前不知天高地厚，以至耽误修习，虚度不少时光，今日想来犹有愧疚，先生就不要夸我了。"宾客感叹道："山外有山，人外有人，你不要自责太过，有些事还需自我安慰才是。"

郑庄送走宾客，自语道："明知自己不足，就该迎头赶上，否则就是终生遗憾了。"

郑庄如此求进，学问和声望都日渐提高。汉武帝即位后，有人便推荐他，说："郑庄求学不止，从没有满足的时候，他这样的人是不可久居下位的，否则便埋没了人才，对国家也是损失。"

汉武帝曾当面考问郑庄的学问，郑庄一一作答，没有一点错处。汉武帝夸赞他，郑庄急忙道："臣的学问浅陋，不值得陛下夸奖，陛下所问恰是臣所知道的，臣能回答无误不过是侥幸而已。"

汉武帝欢喜道："你能如此谦虚，足见你还有更大的上升空间，朕对你十分期待。"

郑庄先后担任了鲁国中尉、济南太守、江都相，直至升任了九卿之一的右内史。

郑庄位居显官，也是谦恭如常，他告诫家人说："有些人一旦有了权势，便要飞扬跋扈，结果招来大祸，这是因为他们太自满了，看不到自己的不足啊。我虽为高官，但比我强的人还有很多，我们不可高傲示人，更不可做出违法的事来。"

郑庄从不直呼小吏之名，和下属谈话，他也用词谨慎，害怕伤了人家的自尊心。他赞誉士人和属下官吏时，总是说："我不如他们，也许我命好的缘故，才有今日的高位。"人们一致称赞郑庄，把他视为自己学习的典范。

俗话说"金无足赤，人无完人"。一个人总会有这样那样的缺点和错误。有的人"闻过则喜"，有面对缺点和失误的勇气，并且努力纠正这些缺点，从而使自己不断完善，不断进步。

王阳明站在哲人的高度，为我们指出一条沁入人心的做人道理：看到自己的不足，才能保持谦和的处世态度；看到不足，不仅仅是一个人谦和的本源，更是维护人际关系、获得众生喜欢的方法。

❖ 跟王阳明学心学智慧

有的人"闻过则怒"，对自己的一些错失无改过之意，甚至否认存在着的错失，结果，缺点和漏洞越来越严重，最终发展到不可收拾的地步。这样固执的人绝不会赢得他人的喜欢。

不断修正自己的行为

"静坐常思己过"不失为一句最好的处世格言。王阳明说过："见贤思齐焉，见不贤而内自省，则不至于责人已甚，而自治严矣。"他所说的是一种反思的功夫，也就是自我批评的本领。倘若有错且不能自省，别人是无法劝谏的，事情便会朝着更糟的方向发展。假如我们能够时常静下心来，思考一下自己做事或待人方面是否有亏缺的地方，自然就会少些对别人的抱怨与指责了，多些安宁和快乐。

现实中很多人想有一个完美的自己，但就是找不到途径。这里，大师给我们拿出了一个完善自我的办法。可以说，反省不仅仅是完善自己的方法，更能滋生成就自己的巨大力量。一个懂得反省的人，能给自己带来巨大的改变，活出一个全新的自己。

古时候，有个叫周处的人，从小父亲就死了，由母亲一手带大。因为缺乏家庭管教，所以凡事都由着自己的性子，蛮不讲理，动不动就和人争斗，村里的人都很害怕他。村里人暗地里把他和附近的猛虎、蛟龙合称为“三害”。

有一天，周处看到村里的人个个愁眉不展。他走过去问：“你们有什么不高兴的事吗？”人们告诉他，他们之所以不开心，因为乡里有三个祸害：一是南山上的猛虎，二害是河里的蛟龙。问到第三害了，人们都闭口不说了，只是看了看周处。周处以为人们是希望他去除三害。就说：“这三害不算什么，等我去除掉它们，你们就开心了。”于是大家都撺倒说：“太好了，你要是能除掉这三害，我们一定感谢你。”

于是，周处就去除三害了，很快，猛虎被他用弓箭射死了，随后，他又跳下了水，和蛟龙搏斗起来。

三天过去了，周处还没有回来。村里人想，这回“三害”都死了，于是互相庆贺。

可是，三天后，周处杀死了蛟龙回到了村里。发现大家正在庆祝三害已除，才知道自己是三害之一，心里难过极了，于是痛下决心，改过自新，逐渐成为了一个有德有才的人。后来有人推荐他做了官，因为官清正，得到百姓的爱戴。

佛陀说：“如果你想了解幸福的真义，就必须经常如此反省。”故而王阳明告诫人们：“觉悟从忏悔起步，从持戒下手。”

反省对人生产生的巨大作用，不仅佛门与俗世有共识，而且中西方的人都在践行中。

富兰克林年轻时，性格张扬无比，处处咄咄逼人。他也意识到自己的人生出现了严重的问题，但不知道自己究竟问题出在那里。有一天，他父亲的一位好友实在是看不下去了，把他唤到面前，对他规劝道：

“富兰克林，你是个聪明的孩子，有些道理难道你不懂吗？你常常不肯尊重他人意见，凡事都自以为是，你看看结果是多么的糟糕：人家受了你几次这种难堪后，就没有人愿意再听你那一味矜夸的言论了。所有人都远避于你，免得受你的冤枉气。老实说，你所掌握的东西还有限得很，而你身边的人很多都比你水平高，你的轻狂自大只能让别人看到你的无知。”

富兰克林听后，满脸羞愧，一下子发觉了自己过去的错误，从此，他决定痛改前非。

富兰克林经过反省后，他给自己开出了一张缺点清单，清单上是他所有让人讨厌的性格特点。他把最有害的一种性格特点放在清单的第一位，然后依次排下来。他决心要改掉这些让人讨厌的缺点。

当他改掉其中一个毛病的时候，他就从清单上将其划掉，直至清单上所列出的缺点全部划掉为止。

不久，他便从一个被人鄙视、拒绝的人，渐渐地转变成为一个处处受人欢迎爱戴的人了。富兰克林后来说道，他一生的事业完全得益于这次转变。

华盛顿总统曾经这样说："如果让我说出我所敬佩的人的名字，第一个是富兰克林，第二个是富兰克林，第三个还是富兰克林。"这句话道出了富兰克林在美国人心中的地位。如果富兰克林当时没有接受劝勉，仍旧事事妄自尊大，不把他人放在眼里，那美国将会少了这样一位伟大的领袖。富兰克林是反省的最大受益者。

有了错误必须有所觉悟，然后图以改之，才能走上光明之路。若是有错而不思悔改，或者口是心非地改正，那只能在错误的道路上越走越远。所以，人只有了解了自己的缺点，正视了不足，才能让自己不断地发现自我，挑战自我，完善自我。沿着这样的方式去做人，就会快速完善自己，成为很多人喜欢乃至爱戴的人。

❖ 跟王阳明学心学智慧

古人讲："人非圣贤，孰能无过。过而改之，善莫大焉。"人生中，难免会犯错误，走弯路，但更重要的是，人一定要懂得反省自己，这样才能知错就改，成就完美人生。

不要轻视任何一个人

有一次，富那夜奢尊者来到波罗奈国，马鸣菩萨来迎接他。行礼毕，马鸣菩萨问："我想认识佛，谁才是佛？"富那夜奢尊者说："你想认识佛，不认识的人就是佛。”马鸣菩萨说：“既然不认识佛，又怎么知道他是佛呢？”富那夜奢尊者说：“既然不认识佛，又怎能知道他不是佛呢？”

王阳明认为，这段对话耐人寻味，其中透漏了佛家的一个重要观念：众生都是未来佛。

王阳明解释说：“因为‘众生都是未来佛’，所以，你不认识的每一个人都是佛。那么，认识的人是不是佛呢？实际上，认识的人是不存在的，每一个人都是你不认识的人，即使身边最亲近的人也不例外。”

其实，“不认识”包含以下四层含意：

第一，见其人不知其面。遇到某个陌生人，你能看清他的高矮、胖瘦、衣着等，却不知道他是何身份，是何来历，怎么知道他不是“佛”呢？打个比方，戏剧中的乾隆皇帝微服私访，打扮成小商人的样子。当人看他是小商人模样的，就不知道他是乾隆皇帝。所以，凭表面识人，就可能不认识真佛。

有一个发生在一休禅师身上的故事，就是一个“不识佛”的例子。一休是日本室町时代临济宗的奇僧，相传他是后小松天皇的私生子，六岁投安国寺出家，后来学成了禅的圆满智慧，很快名扬四海，并成为当时全日本最重要的寺院——大德寺的第四十七世方丈。

有一天，一位衣着华丽、趾高气扬的年轻人来到大德寺，代表高井户大人，请一休禅师去做法事。一休的弟子们都对年轻人傲慢不恭的态度不满，一休只是淡淡一笑，什么也没说。

第二天一大早，一休打扮成一个衣衫褴褛的老乞丐，来到高井户家门前。未等他靠近，门口的守卫便挥手吆喝：“快快滚开！别让你肮脏的身子玷污了大人家门前的土地。”

一休故意磨磨蹭蹭不走。这时，高井户听到喧哗，出来一看，原来是一个蓬头垢面的乞丐，立即厌恶地一摆手，命令道：“快把他赶走！”于是，奴仆们一拥而上，连推带打，将一休一直赶到了街那头。

过了一个时辰，一休换上光鲜的袈裟，乘着轿子，再次来到高井户的家门前。于是，马上有人通报：“一休禅师驾到！”高井急忙跑出来，带领众多家臣，到大门外迎接。

一休禅师走进去，却站在庭院的甬道上不走了，谦卑地说道：“贫僧就站在这里吧，别让我满身的污垢玷污了您的客厅。”

高井户以为一休在开玩笑，鞠躬施礼说：“您是全国闻名的大禅师，您的光临使得寒舍充满了祥瑞。”

“是吗？”一休笑道，“大禅师不过是一张皮。使您感到祥瑞的，是这套高贵的袈裟吧？”

高井户一愣。他仔细看了一休禅师一眼，立刻想起早晨的那个老乞丐，顿时尴尬万分。

“老僧穿了一件破衣服，你们就对我拳打脚踢。等我穿上了这身庄严的袈裟，你们便隆重迎接。看来，您看重的，是袈裟。那么，您就将这件袈裟请到大厅里主持法事去吧！”说着，一休禅师脱下袈裟，扔给高井户，飘然而去。

在生活中，有的人像“缝衣针”，“只认衣裳不认人”，这就很有可能冒犯“真佛”。所以说，不可轻视自己并不真正了解的人。

第二，知其面不是人心。知道一个人的基本情况，比如学历、出身、职业等等，甚至连他的个性、才力等内在素质都一清二楚，也不等于认识这个人。他的真爱是什么？他的追求是什么？他日后的前程如何？种种一切，连他自己都未必清楚，别人又怎么知道呢？如果以他目前的境遇来给他下结论，可能会错得太远。

春秋纵横家苏秦，早年不甚得意。他去秦国求官，却屡遭拒绝。在秦国盘桓多时，身上的皮袄破了，钱也花光了，最后连房租都交不起，只好灰溜溜地回老家。他腿上打着裹腿，脚上穿着草鞋，背着一些破书，挑着行囊，形容枯槁，神情憔悴，面孔又黄又黑，很是落魄。他回到家后，正在织布地妻子不理他，嫂子也不肯给他做饭，甚至父母也不跟他说话，因此他叹道：“妻子不把我当丈夫，嫂子不把我当兄弟，父母不把我当儿子，这都是我苏秦的罪过。”

自此，他发奋苦读，终于学成纵横术。他去燕国游说，立获重用，被封为武安君。当他再次回到家乡时，父母赶紧整理房间，清扫道路，雇用乐队，准备酒席，到距城30里远的地方去迎接儿子。妻子对他敬畏得不敢正视，只敢斜着眼睛欣赏他的威仪，侧着耳朵听他说话。嫂子吓得跪在地上，像蛇一样爬，不停地叩头请罪。苏秦觉得好笑，问道：“嫂子你对待我为什么前倨而后恭呢？”嫂子倒是个直心人，回答说：“因为你而今地位高、钱又多啊！”

当苏秦落魄时，就连他家里的人都不认识他，都不知道他日后竟有大成，别的人又怎么知道呢？在生活中，我们看见某个无钱无势的人，又怎么知道他不是下一个苏秦呢？现在不向他翻白眼，将来也就用不着叩头如捣蒜了。所以说，不可轻视每一个暂时落魄的人。

第三，知其心不识其缘。有的人，没钱、没学历、没背景，甚至连创大业的志向都没有，好像不管从哪个方面来看都不像有出息的样子。那么，你是否已经完全认识了这个人呢？不一定。因为生活中存在着某个看不见的机缘，遇到一定的机缘，小鲤鱼也可能脱胎换骨变成真龙。

第四，知其缘不知其性。假设一个人的命运已经一目了然，不可能再有变化，你是否已经完全认识了他呢？不一定。比如某个濒死的人，无论什么机缘对他都毫无意义。可能是他此时的心灵会发生什么变化，就不是外人能知道的。

古人说："人之将死，其言也善。"很多人在健康时，心里充满了各种贪欲，在贪欲的驱使下，做出许多让人头疼的事情。可是到濒死时，一切贪念和妄执都已放下，固有的佛性便显现出来，心灵为佛光所笼罩，虽然未臻彻悟，也已接近彻悟，对人世的认识产生了质的变化。这时候，他的见地超过世间一切大师，别的人又哪有资格轻视他呢？

❖ 跟王阳明学心学智慧

诚如佛家所言：众生都是未来佛。所以，我们当对每个人保持足够敬意，不可轻视任何人。

迷信圣人不如反省自己

一句"求人不如求己"，引起了多少人的共鸣啊。王阳明也说过类似的话。他说："子夏笃信圣人，曾子反求诸已。笃信固亦是，然不如反求之切。今既不得于心，安可于旧闻，不求是当？就如朱子，亦尊信程子，至其不得于心处，亦何尝苟从？"王阳明的意思是：子夏笃信圣人，曾参却反过来探求自己的内心，并进行深刻地反省。虽然笃信圣人也正确，但是，不如反躬自省来得真实。你现在既然不能明白，怎么能承袭旧说而不去寻求确切的结合呢？譬如朱熹十分尊敬信赖程子，若碰到不明之处，又何曾随便轻信呢？

朱熹是南宋时期的儒学大师，程朱理学的集大成者。朱熹继承了二程（指程颖、程颐）的理论，却没有拘泥于此，而是继续深入研究，最终把理学带到了巅峰阶段。正是因为不迷信圣人，并且时刻反躬自省，朱熹才有了后来的巨大成就。

唐代大文学家韩愈写了一篇文章《师说》，他在里面说了一句话："弟子不必不如师，师不必贤于弟子，闻道有先后，术业有专攻。"这句话精湛地阐明了老师与弟子、圣人与崇拜者之间应该存在的关系。同样的知识，先知者成为老师，后知者成为弟子，弟子学习了知识后，如果能够继续深入研究，完全可能超过老师的成就。孔子年轻的时候，曾经以郑子、袭弘、师襄、老聃为师。这些人在当时都是名士，然而孔子并没有迷信他们，跟着他们学习到了自己需要的知识之后，孔子继续深入研究夏、商、周遗留下来的典籍。经过坚持不懈的努力，孔子取得的成就超过了他的老师们，成为中国历史上的圣人。可见，能够促使你取得最后成功的，不是圣人，而是你自己。

古希腊大哲学家亚里士多德也不迷信自己的老师。亚里士多德从17岁开始入师门，跟随柏拉图达20年之久。亚里士多德对老师是很崇敬的，师徒二人也是很好的朋友，他曾写了一首诗赞美柏拉图："在众人之中，他是唯一的，也是最初的……这样的人啊，如今已无处寻觅了……"然而在追求真理的过程中，亚里士多德非常勇敢，他坚决地批评老师的错误和缺点，在哲学思想的内容和方法上都同柏拉图存在着严重的分歧。于是有些人就指责他背叛了老师，亚里士多德对此回敬了一句流传至今的名言："吾爱吾师，吾更爱真理！"

年轻的时候，亚里士多德进入柏拉图学院学习，他的老师就是柏拉图。柏拉图也是古希腊著名的哲学家，在当时已经功成名就，他创立的客观唯心主义理论名噪一时，受到人们的追捧。亚里士多德也很崇拜他的老师，但是他并不是一个只崇拜权威，在学术上唯唯诺诺而没有自己的想法的人。柏拉图认为，具体事物只是理念的"影子"，具体的个别的事物是不真实的，只有理念才是真实的；然而，在亚里士多德看来，具体的个别的东西才是真实的，它们都是客观存在。师徒二人的观点差距如此之大，因此亚里士多德经常受到柏拉图的批评，但是他没有放弃自己的观点，而是继续深入研究，最终开创了现实主义的哲学领域，丰富和发展了哲学的各个分支学科，对科学作出了巨大的贡献。

亚里士多德尊敬柏拉图，但是他没有迷信自己的老师，他从本心出发，相信自己的研究，最终才能成为伟大的哲学家。在这点上，亚里士多德与王阳明不谋而合。王阳明与弟子聊天的时候曾经说："人胸中各有个圣人，只自信不及，都自埋倒了。"在这样的教导下，王阳明的弟子都不再盲目地追捧圣人，而是把更多的精力用在了自我修行之上。因此，在王阳明的弟子和后世的追随者之中，成大事者不胜枚举，如黄宗羲、刘宗周、陶行知等，虽然其中的有些人并非是王阳明在世时的门生，但是他们都深受王阳明的学问的影响，不盲从圣人，全心全力完善自我，在不同的领域书写了各自的辉煌。

每个人都可以成为圣人，之所以有人会觉得自己距离圣人遥不可及，是因为他们总是迷信别人而忽略了自我的发展。

❖ 跟王阳明学心学智慧

对于圣人，我们要取其精华、去其糟粕，不断地学习，不断地质疑，不断地超越。只有这样，我们才能激发斗志，让思想、行动以及丰富的创造力不被牵制，最终成为新的"圣人"。

差异都是人所定

王阳明说："所谓凡夫者，本来是个假名，没有什么真正的凡夫，假名叫做凡夫而已。换句话说，一切众生都是佛，只是众生找不到自己的本性；找到了就不是凡夫，个个是佛，众生平等。"

的确，佛陀当初在证悟真理时，第一句宣言就说："一切众生皆有佛性！"众生由于因果业报的千差万别，在智愚美丑、贫富贵贱上有所不同，但论及全众生的本体自性，并无二致。

在王阳明看来，心、佛、众生，三无差别。心即是佛，悟道了，此心即是佛；没有悟道，佛也是凡夫。心、佛、众生，三无差别，三样平等。

一个弟子满怀疑惑地去见王阳明："师父，您说好人坏人都可以度，问题是坏人已经失去了人的本质，如何算是人呢？既不是人，就不应该度化他。"

王阳明没有立刻作答，只是拿起笔在纸上写了个"我"，但字是反写的如同印章上的文字左右颠倒。

"这是什么？"王阳明问。

"这是个字。"弟子说，"但是写反了。"

"什么字呢？"

弟子答："'我'字！"

"写反了的'我'字算不算字？"王阳明追问。

"不算！"

"既然不算，你为什么说它是个'我'字？

"算！"弟子立刻改口。

"既算是个字，你为什么说它反了呢？"

弟子怔住了，不知怎样作答。

"正字是字，反字也是字，你说它是'我'字，又认得出那是反字，主要是因为你心里认得真正的'我'字；相反的，如果你原不识字，就算我写反了，你也无法分辨，只怕当人告诉你那是个'我'字之后，遇到正写的'我'字，你倒要说是写反了。"王阳明说，"同样的道理，好人是人，坏人也是人，最重要在于你须识得人的本性。于是当你遇到恶人的时候，仍然一眼便能见到他的'本质'，并唤出他的'本真'；本真既明，便不难度化了。"

王阳明的意思再明白不过，在这个世界上，佛与众生没有任何差别，每个人都是佛。每个佛也都是最平凡的人，一个人只要体悟到般若的智慧，就和佛了无差别了，因此，如果要去度人，当然也要度坏人，如果这世上都是好人，还需要你度什么呢？

清末民初的国学大师章太炎先生在《齐物论释》一书中，阐述了万物都是平等的、没有高低贵贱之分这样一个观点。我们可以从中引申出这样一个结论，既然万物都是平等的，没有高低贵贱，那么每个个体就都是一个自在自足的个体，就像佛家所说的那样，自性自然圆满。原来你的自性就是佛啊！

玄素禅师在京口鹤林寺做住持的时候，一天，有一个屠夫来拜访，希望在他家中为和尚办斋供。

玄素禅师二话没说，高兴地答应了，并欣然去了屠夫家。众人对禅师的举动感到很惊讶。

玄素禅师当然也洞察到僧众内心的疑问，于是回来后对众人解释道："众生佛性平等，无论对贤人对愚人对善者对恶者都是一样的。凡是可超度的人，我就超度他，使他解脱俗世的烦恼和苦难，又何必去区别众生的贤愚善恶呢？"

屠夫也好，显贵也罢，刽子手也好，慈善家也罢，在佛陀眼里皆平等，哪里分谁聪明、谁愚钝、谁善良、谁凶恶呢？所以玄素禅师不但毫无犹豫，而且欣然愉快地接受屠夫的邀请去屠夫家做客。

将人分为三六九等，认为觉悟正道，得超得度只是少数特权者的专利，仅仅是人的妄想，违背了佛的本意。有尊卑贵贱分别心的人，永远不能成为悟者。心、佛、众生是没有差别的，每个人生来就是佛，只是很多人沉沦于俗世，不能自拔，所以迷失了自己的本性，误认为佛和人不同。

❖ 跟王阳明学心学智慧

我们在看待自己的时候，眼里不要有贫富贵贱，智愚美丑，用平等之心待自己。当你有颗平等心的时候，你就不会自卑，也不会高傲，你会变得更加强大。

第三辑
用心修学，修行长进根本在心

古人提倡“教化”，教是传授知识，化是养成品德。在古人看来，一个既有知识又有品德的人才能够被称为君子。修行的目的是陶冶心性，塑造全面而优良的素质。所以，修炼内心的强大需要学习。在王阳明看来，人的长进是对素质自我培养，而培养的好坏，主要是看是不是用心。

拿什么培养自己的素养

在中国古代，一个读书人光识字、会写文章是不行的，必须琴棋书画样样精通。读书人自然应以文章见长，那么学习这些“杂项”琴棋书画有什么意义呢？其意义就在于对自身素质的培养。

人应该注意培养自己的素质，对此王阳明曾经说过这样一句话：“今人往往以歌诗、习礼为不切时务，此皆末俗庸鄙之见，足以知古人立教之意哉？”这句话意思是说：“如今，人们常常认为咏诗习礼不合时宜。这种观点极其庸俗鄙陋，他们又岂能明白古人推行教育的本意。”

古人推行教育的本意是什么？在王阳明看来，就是对人素质的培养。古人要人做君子，因此就不能够只读书写字，还要涉猎到其他方面，譬如文艺，以此来陶冶心性，塑造全面而优良的素质。

其实不仅仅是王阳明看到了这一点，我们今天的教育工作者们，对于素质教育不是也越来越重视了吗？那么，我们该如何培养优良的素质呢？在这一点上，王阳明在《启蒙之道》中早就给了我们答案。他说：

古时候的教育，讲授的是以人伦道德为内容，以后兴起了记诵词章的风气，因而先王的教育之义也就不存在了。现在教育学生，应该把孝、悌、忠、信、礼、义、廉、耻作为唯一的内容。有关教育的方法，应当通过咏诗唱歌来激发他们的志趣，引导他们学习礼仪，借以严肃他们的仪容；教导他们读书，借以开发他们的智力。如今，人们常常认为咏诗习礼不合时宜。这种观点极其庸俗鄙陋，他们又岂能明白古人推行教育的本意。一般而言，少年儿童的性情是爱嬉戏玩耍而讨厌约束，犹如草木刚萌芽，让它舒畅地生长就能迅速发育，以至枝繁叶茂；若对其摧残压抑，它们只会衰弱枯竭。

今天，对少年儿童实施教育，千万要使他们欢欣鼓舞，内心愉悦，他们的进步自不会停止。有如春天的和风细雨，滋润了花草树木，它们抽枝发芽，自会茁壮生长。若经过冰霜的侵袭冻结，其生气受到挫伤，只会逐渐枯萎。

所以，通过咏诗唱歌的帮助，不仅是为了激发他们的志趣，也是为了使他们在咏唱中发泄蹦跳呼喊的情绪，在抑扬顿挫的音节中抒发忧郁呆板的感情，引导他们学习礼仪，不仅是为了严肃他们的仪容，也是为了使他们在揖让叩拜中活动血脉，强筋健骨。教导他们读书，不仅是为了开发他们的智力，也是为了使他们在反复的钻研中修身养性，在抑扬的诵读中明确志向。这一切都是为了在他们的志向上因势利导，在性情中调理保养，通过潜移默化，消除他们的鄙吝和愚顽。这样，渐渐使他们的行为符合礼仪标准，但不感到难受，在不知不觉中性情达到合宜适中。这就是先王推行教育的深刻内涵。

近代那些教育儿童的人，每天只是督促学生句读和课业练习，要求他们约束自己，而不知道以礼仪来诱导他们；只希望他们聪明灵巧，却不知道以善来培养他们；把犯错的学生当囚犯看待，只知道鞭打绳捆。如此，少年儿童只把学校当成监狱而不肯上学，把老师当成仇人而不想看到。于是，他们就借机逃学，以便嬉戏耍闹，撒谎捣蛋，以便能肆意顽皮，逐渐趋向轻薄下流。

如此，就在无意中驱使他们作恶，但又希望他们为善，二者只会抵触，岂能行得通？我的教学观点，其用意正在此处。我忧虑世人不理解，把我当成迂腐。再者，我即将离开此地，所以，我特地再三叮嘱，希望你们这些为人师表者，一定要理解我的用意，并永远遵守，不要因为世俗的言论而更改了我制定的规矩，这一切也许能起到“蒙以养正”的功效。千万谨记在心！

从上面这段话中，我们可以看到，对于如何培养人们优良的素质的问题，王阳明着重提出了三条建议：知识教育、礼仪督导和性情培养。

知识教育毋庸置疑是非常重要的，人无知而无礼，心中有了知识，内心就自然而然会对他人对社会产生礼敬之念。

礼仪就是道德规范，儒家将君子做事要合乎礼，而王阳明在传授心学的时候，虽然提倡徒众解放心性，但同时也教导徒众要有礼。人的行动有礼仪做规范，就不会做出太出格的事情来。

最后，人的性情也很重要。人有什么样的思维，说什么样的话，做什么样的事，这些完全都是由心性来决定的。通过后天的培养让人的心性变得圆润而温和，那素质的问题就自然而然迎刃而解了。

❖ 跟王阳明学心学智慧

人最好的事业是塑造自己，让自己拥有良好的素质，这是一个人成功的基础，也是像王阳明这样的先贤对我们的要求。

不要阻塞知识的通道

有句话说："学得越多了，越发现自己什么也不明白。"这句话是什么意思呢？就是说人知道得越多，越能了解世间知识的广博，进而明白自己的无知。

话虽这样说，但真正能够因为知道得多而知道自己无知的人却凤毛麟角。在社会上，我们见到更多的是有了一点知识便自以为无所不通，进而不思进取的人。

王阳明说："心之理无穷尽，原是一个渊，只为私欲窒塞，则渊之本体失了。如今念念致良知，将此障碍窒塞一齐去尽，则本体已复，便是天渊了。"在王阳明看来，人一旦到了这样的境界，就如同内心被阻塞了一样，对人生是没有一点好处的。王阳明把心比作是一个天一样广博的深渊，广博到世间万物无不能被它所包容，然而有些人的心却被私欲所蒙蔽了，进而也就让心失去了它本应该有的包容，从此便再也没有接受的能力了。

王阳明这话对不对呢？我们必须说这是对的。在历史中，我们经常能够看到一些人，他们饱学多识，以学问闻于当世。然而在取得了一定的名声之后，他们慢慢开始自傲起来，觉得世间"没己若者"，进而排斥、打压新的知识，从而从文化的引领者渐渐变成了阻碍历史前进的人，譬如我们都熟悉的大科学家牛顿。

毋庸置疑，牛顿是17世纪英国乃至于世界最伟大的科学家，他发现的三大力学定律是很多学科的基础，而他对于数学、天文学也有其突出的成就。因为学识渊博且成就令人瞩目，牛顿在中年的时候便已经享誉欧洲，并被英国王室封为爵士，成为英国人心目中的偶像。

然而在取得了这些成就之后，牛顿那颗原本闪烁着智慧光芒的心渐渐开始蒙尘了。晚年的牛顿将大把的精力放在炼金术上，并且打压在科学界有所成就的后辈，这一切都给牛顿这个伟大的名字蒙上了阴影。

牛顿为什么沉迷于炼金术，人们猜想是出于对金钱的渴望，而打压科学界的后辈，那恐怕就是出于名声了，他不想有人超过自己。可以说，名和利最终堵住了牛顿的心，让晚年的牛顿不再能够接受任何东西，而一旦接受不了新事物，晚年的牛顿便再也创造不出什么了。

由此可见，无论是知识也好，其他方面也罢，人要是想让自己获得更多，那就要抛开心中的杂念，把心敞开，也就是上面王阳明所说的“念念致良知，将此障碍窒塞一齐去尽”。王阳明说这番话是在什么背景之下呢？

王阳明的学生黄直向他提问有关于格物致知的问题。黄直问：“先生，格物致知的主张，是随时格物以致其知。那么，这个知就是部分的知，而非全体的知，又岂能达到‘博博如天，渊泉如渊’的境界？”

对于这个问题，王阳明回答说：“人心是天渊。心的本体无所不容，本来就是一个天，只是被私欲蒙蔽，天的本来面貌才失落了。心中的理没有止境。本来就是一个渊。只是被私欲窒塞，渊的本来面貌才失落了。如今，一念不忘致良知，把蒙蔽和窒塞统统荡涤干净，心的本体就能恢复，心就又是天渊了。”

见黄直不甚了了，王阳明又指着天说：“就像咱们现在所看到的天是明朗的天，在四周所见的天也仍是这明朗的天。因为有许多房子墙壁阻挡了，就看不到天的全貌。若将房子墙壁全部拆除，就总是一个天了。不能以为眼前的天是明朗的天，而外面的天就不是明朗的天了。从此处可以看出，部分的知也就是全体的知，全体的知也就是部分的知。知的本体始终是一个。”

从王阳明的话里，我们能够品味出他对于内心的看重。王阳明对弟子的教诲，本意是要让弟子从内心入手。他教导弟子要净空天渊，就是把心灵的种种私欲通通清理干净，须知“私”使人狭隘，“欲”使人浮躁，一个既狭隘又浮躁的人，自然是什么也装不下什么也学不会的。

我们要向王阳明学习的就是切忌偏私，不能因为内心的自傲、自卑和自满而阻断了我们的学习之路。

❖ 跟王阳明学心学智慧

人不学习就不可能有进步，而想要学，学得会，那首先就是要回归质朴，让自己成为一个能够装 得下知识的人。

识得本心，才能开悟

“不识本心，学法无益。”意思是如果不知道种种杂念、妄想、烦思的要源本自内心，想去外界去寻找清净，无论学到多少修行的方法，都是没有用的。王阳明据此解释说：“有些修行做功夫的人到达了清净的境界，没有杂念妄想，但是，见解不透彻，认为清净才是道，认为不清净、不空则不是佛法，于是，自己把自己给障碍住了，‘故于圆觉而不自在’，对于不垢不净的圆觉自性没有认识清楚，执著于空，执著于清净，不能自在，不能算是大彻大悟。”

王阳明的意思是，在修行的路上，如果为了学佛而去努力追求清净，对俗事不闻不问，对俗人不理不睬。执著于这种清净，反而是达到一心清净的障碍。

有一天，禅宗四祖道信与五祖弘忍渡过滚滚长江，到庐山云游。随后，他们乘坐轻舟，顺江而下，来到白下。他们弃舟登岸，来到了五色祥云笼罩的牛头山。里有一座幽栖寺，比较有名。他们问寺里的僧人们："这里可有道人？"

早期佛教往往将佛法真谛称之为"道"，所以，僧人也称为"道人"。后来为了避免跟道教的道人混淆，才改称僧人。但道信所问的"道人"显然不是一般僧人，而是上了境界的得道之人。

一个僧人不高兴地说："出家人，哪个不是道人？"

四祖道信一笑说："请问哪个是道人？"

道信的话话里有话，是啊，剃个光头不等于心清净了，心不清净，何称"道人"？那位僧人心里发虚，不敢答腔了。

一位老僧悟性较高，想了想，说："从这里向深山更深处走十里，有一个名叫法融的僧人独自住在那里。他每天只是坐禅，见了人从不理睬，所以大家都叫他'懒融'。据说他打坐时，有白猿献果、百鸟衔花的神异，他莫非是道人？"

道信师徒翻山越岭，来到法融修道的地方。法融对他俩视而不见，端坐如故。四祖不动声色地说："观是何人，心为何物？"

过去禅师之间常互参话头，也就是考较对方领悟佛法的境界。道信提出话头，法融无法应对，知道遇到高人了，便乖乖地站起来。

道信又问："除了这里，还有更清净的地方吗？"

法融一楞，这里空山无人，没有任何俗事缠身，已经十分清净了，哪里还有更清净的地方呢？其实道信的意思是，你固执地守在清净了，为了所谓清净忙得不亦乐乎，内心已经很不清净。可惜法融听不懂，错过了一次开悟的机会。法融将道信师徒引到他认为更清静的地方——他安歇的草庵。由于他平日与虎狼为伴，所以他的草庵前猛兽乱窜，很是吓人。道信故作惊恐，举起了双手。法融疑惑地问："你还有这个在？"意思是说，你是一代宗师，还有恐惧之心吗？

道信反问："你看到了什么？"意思是你不要被表面现象所迷惑。

法融仍没听懂，他拿起一只瓦钵，去给道信师徒盛泉水来喝。道融趁机在法融经常打坐的石凳上写了一个“佛”字。法融端水回来，刚想落座，忽然发现自己差点坐在“佛”上，惊然一惊，跳起身来。

道信笑问：“你还有这个在吗？”

法融不禁打了个寒战，终于感受到了禅的机锋，跪倒在道信跟前，请示禅的真要。道信说：“千百万法门，同归于方寸之间；无数美妙的德行，也都源于心灵。佛法所说的戒、定、慧，以及神通妙用，你都自然具备，这一切都不离你的心。心即是佛，佛即是心，无二无别。”

法融还是有些疑惑：“如果此心作观想修行的功夫，因外境干扰而生起烦恼时，如何对治它呢？”

道信说：“外境本来就没有好恶、美丑、静闹等分别，所有的差异都是因自心而生。我们以自己的好恶为标准，外境才会出现差别。比如，我们认为污泥很脏，美丽的莲花只有在污泥中才能生长；你若好心好意将泥鳅放在清水里，它只会死亡。我心若不起波澜，烦恼又从何而生呢，心灵平静如镜，便能平等观照外界一切，你就遍知无遗了。尽管天上风云变幻，你只要随心自在，无须对治，自会风消云散。”

法融终于大彻大悟了。他一改往日“懒”的习惯，开门授徒，讲经说法。

在现实中，有些人以为读书就是一个人的事，或者“两耳不闻窗外事，一心只读圣贤书”。这不是学习，而是偷懒，学问不会有长进，境界不会有提高，无法识得本心，难以有修行到更高的层次。所以，在提升自己的过程中，一定要识得本心，这样才能真正提高自己。

❖ 跟王阳明学心学智慧

在修行的路上，如果为了学佛而去努力追求清净，对俗事不闻不问，对俗人不理不睬。执著于这种清净，反而是达到一心清净的障碍。

“博学之”才能“知”

王阳明十三岁时，独闯居庸关，之后又游历天下，见多识广，博学多才，三教九流，文学书法，象棋乐理，骑射兵法，无所不究。他认为，一个博学而又多见闻的人，能够更好地致良知，从而让心灵宁静。

在王阳明看来，良知虽然不是来自人们平时的见闻，但人们的知识大都是从见闻中产生的，即见闻都是良知的运用。因此，良知不局限于见闻，但也离不开见闻。

对于见闻这个问题，王阳明认为人们要做到“博文”即是“唯精”，“约礼”即是“唯一”，即人们只有广泛地在万事万物上学习存养天理的方法，才能求得至纯至精的天理，才能求得天理的统一与完整，因为天理只有一个。总之，在王阳明眼里，见多识广才能更好地致良知，从而获得心灵的平静和喜悦。

“博学之”意为学首先要广泛地猎取，培养充沛而旺盛的好奇心。好奇心丧失了，为学的欲望随之消亡，博学遂为不可能之事。“博”还意味着博大和宽容，唯有博大和宽容，才能兼容并包，使为学具有世界眼光和开放胸襟，真正做到“海纳百川、有容乃大”，进而“泛爱众，而亲仁”。因此，博学乃能成为为学的第一阶段，没有这一阶段，为学就是无根之木、无源之水。

纵观历史，那些成功的大师和智者无不是满腹经纶、学富五车，他们四处学习，到处游历，最后达到了博学多才的境界。

佛学高僧星云大师就是一个博学的人，正如他自己所说：“从小到大，我一直喜欢阅读名人传记，在神游古今中外时，发现成功几乎都属于勤奋的人，而骄奢放逸的人注定要走向失败的命运。多年来，我走访了很多地方，在考察人文风俗，经过一番比较之后，深深感到前途充满希望的国家，往往都拥有乐观进取的人民；反之，落后贫穷的国度里，不知勤奋生产的人比比皆是。我发觉那些具有恒心毅力，能够百折不挠的朋友们，活得最为充实幸福。我自己做过各类不同的苦工、劳役，只要利济有情的事业，纵使是经过一番辛苦奋斗，令我终生回味无穷，所以我经常告诫徒众说：'博学多识，是善德，是财富；才疏学浅，是罪恶，是贫穷。'"

在星云大师看来，人要成功，首要就是做到博学；而博学的首要就是读书学习。正如《贞观政要•崇儒学》中所说，虽然上天给予了人好的品性和气质，但必须博学才能有所成就。这就像一块玉石，要进行打磨才能展现它的完美；木材虽本性包含火的因素，但要靠发火的工具才能燃烧；人的本性中包含着聪明和灵巧，但要到学业完成时才能显出美的本质。

一般说来，知识越渊博、阅历越丰富的人，应变能力就越强，他们反应敏捷，在交往中遇到紧急情况时能够调动长期积累的生活经验和各种知识思考解决，从而使"山重水复疑无路"转化为"柳暗花明又一村"。一个人的社会知识多了，阅历丰富了，他就懂得了一些社会因素、心理因素，那么在与人交谈时，就能更得体、更有分寸。

尤其在当今，现代科学一方面高度分离，另一方面高度综合、边缘学科相继产生，自然科学和社会科学逐渐交融。这就要求我们既要学点社会科学，又要学点自然学科；既要广泛涉猎，又要学有专长。具体地说，我们应该多少知道一些天文、地理和人情知识。此外，除了在一定程度上了解历史学，文学、美学、心理学、伦理学、经济学等之外，像民间故事、隐语、习俗等，都应该储存于大脑中，逐渐建起一座知识的仓库、有了这样一个知识的百宝箱，我们才能更全面、更深入地认识自己、认识世界，才能获得成功的人生。

❖ 跟王阳明学心学智慧

要成为一个成功者，就要多掌握一些知识，这不仅是人际交往之必需，更是让心灵宁静、喜悦的保证。

让学问贯通于心

王阳明不仅是善于讲学的哲学家，更是精通各种学问的实干家。王阳明治学的思路很独特，其方法是符合事物规律的，因此他不论学习什么都能迅速抓住要点，事半功倍。而且对于各种学问能灵活掌握，举一即能反三，可谓“运用之妙，存乎一心”。那么，王阳明是凭借什么方法达到此境界的?

有位朋友问道：“读书时，记不住内容，如何是好?”

王阳明说：“只要能够理解，为何一定要记住?其实要能够理解已是次要的了，重要的是要认识自家的心性本体。假若仅仅要求记住，便不能够理解了，而假若仅仅要求理解的话，就认识不到自家的心性本体了。”

我们在平常的求知学习中，往往把记住所谓的“知识”当做最重要的，好像能记住书中的内容就行了。

在王阳明看来，在做学问的过程中，只是一味强调记住知识是没有用的，关键在于理解，做到让知识成为心灵的一部分，这样才能达到融会贯通的境界，才能对所学的知识信手拈来，为我所用。学过五笔打字法的人，可能都有这样的体会。

在刚学五笔字型输入法时，既要背字根，又要记字根的键盘位置，还要学如何拆字什么的，一大堆东西要学，忙得不可开交。但如果你能耐下心来，花个十天半月或更长一点时间，把这一切都记下来并学会了，然后不断在实践中练习，终有一天，你会发现自己不知不觉地精通打字了!

这个时候，面对一个要打的字或词组，你再不必去分析它们的字根是什么，分布在哪个键位，以及如何去拆字，甚至你此时连字根表都忘得一干二净了，但你就是能做到下意识地去敲那几个键，轻松自如地将这个字或词组顺利地打出来。这就是打字的方法已深入到你的潜意识的缘故。

在普通人的治学过程中，也是要经历——一番苦读——用心揣摩——内化于心，然后才能将他人的知识化为自己的思想，从而达到灵活运用的目的。

南宋学者陈善说："读书须知出入法。始当求所以入，终求所以出，见得亲切，此是入书法；用得透脱，此是出书法。"这就是说，读书绝不能只求记得住，而要力求深入进去，搞懂其中的规律和最本质的东西，将其融会贯通于内心。而且，读了以后还要摆脱书本知识的束缚，心灵毫无羁绊，灵活自如地运用所学知识，而不是死抠书本的条条框框，做书本的奴隶。

从某种程度上来看，王阳明独特的治学思想，也正是这种"读书须知出入法"的写破，而且更高一层，直指治学的本质——发现自我。

在王阳明看来，读书即是一个不断去寻找人的本来之心的过程，若脑中还存在各种概念或有形象的东西，就是还有主观偏见，那对事物的客观规律自然不能反映得十分正确。

只有当学到只存一心，各种知识已彻底融会贯通，有的只是心灵的本能活动，在这种情况下，大脑最深层的功能和奥秘才会得以发现，灵感也会源源不断地激发出来，这就是所谓的自身本体显现了，这时才能最正确地反映客观规律。

这个过程是怎样实现的呢?

刚开始也要努力去学，集中注意力去记去想，达到深思熟虑的程度。但在这个过程中，要注意让情绪处于一种比较放松的状态，将整个心思贯注到行动中，学习哪一件事，就能以那件事为中心，如果能把心全部贯注到这件事中，那么心与事相合，就能在学习和工作或生活中产生极大的兴趣，又能提高效率，还能调理身心。

当到了把这件事学会，并达到比较熟练的程度后，这时就要慢慢减少外在意识对这件事的关注了，而代之以一种忘物、忘我的状态去体悟其中规律。

久而久之，外在意识的活动受到抑制，渐渐归于宁静、虚无的境界，这时潜意识活动逐渐活跃起来，达到灵感萌生的"无意"状态，才能最正确地反映事物的规律。

总而言之，读书要达到“理解”，甚至达到心体“豁然开朗，一片光明”的融会贯通的境界，就必须放下自我。要读得深透，要“钻进书本”，让自己的心灵深入进去，与作者的思想、言论融为一体。

❖ 跟王阳明学心学智慧

读书只有进入书中，才能了解书中之意。也只有这样，才能学有所成，随心所欲地运用这些知识。

要有消化知识的能力

要成为卓越成就的人物，就必须接受大量的知识。但仅仅记住这些知识是没用的，关键还要能消化它们，将其转化为自己的营养。王阳明是怎么样做的呢？

一天，于中等人陪侍王阳明一同进餐，王阳明说：“凡是饮食就是为了滋养我的身体，吃了要消化；假如仅仅是积在肚里，就成消化不良的痞病了，如何能促进身体的生长？后世的学者博闻强记，只是把知识积存在胸中，这都是食而不化的毛病。”

我们往往以为做学问就是要从外界大量吸收广博的知识，殊不知，如果不能运用，虽然肚子里装了一大堆东西、却毫无益处，反而会因此得病。

在王阳明看来，一味强调要学习广博的知识并不是最重要的，最重要的是要有进行“消化”的能力，也就是能根据具体情况对知识进行灵活运用的能力，否则就会出现消化不良的毛病。

在现实生活中，很多人也有这种困惑，他们学了很多专业，懂得很多知识，但到了实际运用的时候，却屡屡碰壁，做什么事都难逃失败的厄运。不少人都有这样的疑问：不是说知识改变命运吗？为什么自己有这么多知识，还不能改变命运呢？这是因为书籍上所记载的知识并不等于是自己的学问，更不是自己的智慧。陆游的诗说得好："纸上得来终觉浅，绝知此事要躬行。"从书本中得到的知识是很肤浅的，要真正掌握某件事，必须要切切实实地去实践才行。

可以说，能背诵一些知识不是我们的目的。通过阅读和记忆，每个人都能够将许多知识存入自己的头脑中，但要将知识转化为智慧为我所用，必须运用另一种独特而神奇的工具——思考。学习用"心"思考，让知识化为智慧融入自己的心中，这才是真正的目的。

王阳明后来教学，并不要求学生在知识上求解，只要求做切身功夫，求真实体验。

有一次，他问学生九川："于'致知'之说体验如何？"

九川说："自觉不同往时，操持常不得恰好处，此乃是恰到好处。"

王阳明说："可知是体来的与听讲不同。我初与讲时，知尔只是忽易，未有滋味。只这个要妙，再体到深处，日见不同，是无穷尽的。"

九川说："此功夫却于心上体验明白，只解书不通。"

王阳明说："只要解心。心明白，书自然融会。若心上不通，只要书上文义通，却自生意见。"

王阳明的"心明白，书自然融会"，并非夸张。一个人若开悟了，往往一理通、百理通，书上原先不懂的，如今一看就明白，心领神会，化为自己的智慧。

不但读书如此，学习其他事情也是一样。在刚开始都要很专注地刻意去学去做。当初步掌握其基本原理后，需要进一步学习，慢慢在心里琢磨其中的内在规律，将这些知识输入到潜意识中去揣摩、体会……随着揣摩、体会的深入，逐渐进入忘物忘我的境界，这时所学的事似乎已经消失了，心中已没有这件事的存在，但却能随心意、恰到好处地去做它，其实，世上的一切事情都是这样在"无心"中做成的。

如果一个人仅满足于用头脑去死记一些知识，以为这样便能灵活运用，那他就错了。因为头脑的特点是善于分别、计较，运用贮存在这里的知识时，就会经常处于散乱、冲突当中，而当他面临一件具体的事情时，就会一筹莫展，不懂得从哪里下手。

只有当他不是用头脑，而是用心去运用那些知识时，思想才能保持安定。再去做事情就能保持冷静的洞察力，方向就会明确，做什么都能符合客观规律，这样就容易成功了。

当你得了某个道理，又能不被这个道理所束缚，保持一种空虚无物、活泼灵动的境界，这时你才能既不拘泥于所学到的知识经验，又能随心所欲地发挥那些知识经验的作用，洞悉一切规律，将知识化为一种本能的智慧，从而从心里自然而然地将它们发挥出来。

❖ 跟王阳明学心学智慧

只有从自己的心里领会到的智慧，才是自己的学问，而不是做一个空有满腹知识的“书呆子”。

有一种智慧叫“心上学”

人们常说“功到自然成”，觉得只要功夫深，铁杵磨成针。言下之意只要有恒心肯努力，做任何事情都会成功。事实真的是这样吗？现实中，有很多刻苦努力的人，但成就往往很一般。这是因为他们忽略了做事学习的方法，而所谓的方法，说到底就是要用心。

王阳明教导自己的弟子们说：“我开始学书法时，只是对着古帖临摹练习，这样练来练去，只学得个字形相像，内在的神意却毫无所得。后来我改变了学习方法，举笔不再轻易落纸，而是凝神静虑，先在心中想象要写之字的形态气势，这样练习久了之后才开始通达书法之道。后来读到明道先生（即程颢）写的：‘我写字的时候很恭敬，并不是要字写得好，只是这个恭敬的态度就是学习。’既不是要字好，又为什么要去学呢？通过自己学习书法的例子，于是我知道古人不论什么事情，随时都在心上学习，等到心精明透彻了，字自然也就写得好了。”

人们常评价书法是“穷变态于毫端，合情调于纸上”，现代著名美学家宗白华在《中国书法里的美学思想》一文中，对书法的表现特征作了精要的概括：“所以中国人的这支笔留下了笔迹，既流出人心之美，也流出万象之美。”可以说，书法是心灵的律动、感情的流淌和释放。书法使人静，更让人思考，确实是修身养性、培养情操、延年益寿的良药。书法之所以能带给人们无尽的美感，根源在于它是一门修身养性的学问，也就是王阳明所说的“致良知”之学。

因此，我们也就不难理解“此心精明，字好亦在其中矣”背后的深意：无论学习什么事情，大家都要让心真正地静下来，让所要学习的事物在心中形成一个明确生动的心理图像，越生动逼真越好，这样自然就能达到令人满意的效果。

许多时候，经验告诉我们：做一件事或学习一样东西，反复地去做、去练习，重复的次数多了，就能获得成功。然而，使我们最后获得成功的，仅仅是重复的次数够多这么简单吗？当然不是，如果你没有用心去练习，重复得再多也不会帮助你获得成功。正如著名心理学家马尔滋所说的那样：“学习某种技巧，并不是做的次数越多就越容易获得成功，而关键在于你的大脑神经能否记住那种成功的经验。”

在《C罗挑战极限》纪录片中，曾经有一个黑暗中踢球的测试：先由一位足球运动员示范动作——接过他人传来的足球，在接到足球的那一刹那灯被关闭，球员将依靠自己的直觉将球踢进球门。无论是在接到足球的那一刹那关灯，还是接到足球前的某一刹那关灯，C罗都能利用身体将球顺利送入球门。研究人员对此的解释是：C罗在观看示范球员动作时在心里对动作进行了大量的模拟和练习，对球速、距离等有较为准确的计算，因而才能在实战中找到准确的位置将球踢进球门。如果C罗只是单纯地模仿他人的动作，就不会有这样好的结果。善于在心里反复练习踢球入门的全过程，想象着可能出现的各种复杂情况，在脑子里有条不紊地及时判断处理种种细节，这或许就是C罗成为世界级足球运动员的根本原因。

深谙绘画之道的画家在作画时心凝气静，万虑皆空，意随心转，笔随意动，在常人看来只是寥寥数笔，这一点，那一画，一幅栩栩如生的翠竹图便出现在眼前。在旁人看来很难的事，在画家看来却极为简单，因为他只是把早已进入他心胸的竹子用笔勾画出来而已，这就是所谓的“胸有成竹”。

❖ **跟王阳明学心学智慧**

如果人们做任何事情都能先在心中反复练习，做到胸有成竹，就能达到王阳明所推崇的致良知的境界。

给自己注入一份信心

王阳明是一个很有气场的人。很多时候，在他身上仿佛有一种无形的能量和磁力，把许多人吸引到他身边来。更为奇特的是，在一些独特的场合，这种气场，会有意无意地“迫使”别人认同他的意见。王阳明的气场，到底源于何处呢？

在虔州时，王阳明曾和弟子于中、九川一起探讨学问。他对弟子们说道：“每个人心中都有个圣人，但许多人因为自信心不够，自己把圣人湮没了。”然后，王阳明指着弟子于中说道：“你心中本来有圣人。”于中慌忙站起来表示不敢当。王阳明却说：“这是你本来就有的东西，你为什么要推辞呢？”于中口说：“不敢。”仍旧推辞。王阳明又说：“这是大家都有的东西，又不只是你于中一人才有，为什么谦让呢？这可是不能谦让的啊。”听完这番话，于中才笑着接受了。

于中不敢接受“胸中本来有圣人”的事实，根源在于他不自信。在王阳明看来，每个人都是神圣而伟大的，内心中都有一个圣人般完美的自我；每个人都是天地间的一个奇迹，只是由于我们不能相信自己，致使这个“真正自我”的智慧和能力，即王阳明所说的“圣人”被埋没了。

虽然“真正自我”远比现实中的自我更优秀、更有智慧、更有能力，但我们自出生以来，受各种负面因素影响太深，使得真正的自我被遮蔽了，我们看到的通常是不完善的自我，有很多的缺点。诸如心胸太狭窄，受到别人一点冒犯，便会暴跳如雷；遇到些许挫折，就会自暴自弃；生性懒惰，做事拖拉；意志不坚定，易受外界环境干扰。绝大多数人都有一种天生的自卑感，认为自己能力欠缺、智商不高、不够优秀、不如别人。

即便我们从小到大听过长辈无数次的教诲：“要对自己有信心，要自信。”可在关键时刻，我们还是会不由自主地怀疑自己：“我可以吗？我真的行吗？”在这些自我怀疑中，机遇一闪而过，于是我们又懊恼地抱怨：“如果当初坚持自己的看法就好了，自己明明是对的呀！”

由此可见，我们是多么需要信心这种力量。信心是内心强大的力量，是来自生命力的不屈不挠的韧性。孔子曾说：“仁者不忧，智者不惑，勇者不惧”，能做到不忧、不惑、不惧的人，内心必然拥有强大的力量。因此他们才能不看重外在世界的纷繁变化，不在意个人利益的得与失，保持内心的强大与坦然，独立傲然于世间。

世界著名的交响乐指挥家小泽征尔就是因为强大的信心一举成名的。

在一次世界级优秀指挥家大赛的决赛中，小泽征尔按照评委会给出的乐谱指挥演奏。在演奏过程中他敏锐地发现了不和谐的声音，起初，他以为是乐队演奏出了问题，就停下来重新指挥，但还是不对。再次考虑后，他觉得是乐谱有问题，于是向评委会提出自己的看法。这时，在场的作曲家和评委会的权威人士无一例外地坚持说乐谱绝对没有问题，是他错了。面对众多音乐大师和权威人士，小泽征尔思考再三，最后斩钉截铁地大声说：“不！一定是乐谱错了！”话音刚落，评委席上的评委们立即站起来，对他报以热烈的掌声并不住地赞叹，祝贺他赢得了整场比赛。

原来，这是评委们精心设计的“圈套”，以此来检验指挥家在发现乐谱错误并遭到权威人士集体否定的情况下，能否坚持自己的正确主张，而不被权威言论干扰。前两位参加决赛的指挥家虽然也发现了错误，但终因不相信自己的想法而附和权威们的意见被淘汰。小泽征尔正因充满自信而摘取了世界指挥家大赛的桂冠。

许多人之所以做不到最优秀的自己，是因为他们对自己没有信心，缺少敢于担当的勇气，他们漫无目的地四处寻找别人的优点，而忽略了发掘自己最优秀的一面，一再地否定自己，也就失去了成为最优秀的自己的机会。正如萧伯纳所说："有信心的人，可以化渺小为伟大，化平庸为神奇。"

我们要相信自己的人生有着无限的可能，要相信内心有一种神圣力量的存在，尽力挖掘内在的潜力，才有可能达到应有的人生高度。内心拥有强大的力量，是走向成功、快乐、幸福的保证。

❖ 跟王阳明学心学智慧

在拥有信心的同时，我们要认清自己，不能盲目自信。每个人都有优点，信心就是在内心提醒自己看到自己的优点，从而把优点变成行动力，而不是明知做不到却仍旧去做。

学会让心安静下来

关于求静和安心这个话题，王阳明的弟子孟源曾经向老师讨教，说他自己在静坐的时候总是天马行空地乱想，内心一刻也安静不下来，尽管试过很多方法，却一点效果都没有。王阳明回答说："纷杂思虑，亦强禁绝不得，只就思虑萌动处省察克治，到天理精明后，有个物各付物的意思，自然精专，无纷杂之念；《大学》所谓'知止而后有定也'。"

这段话的意思是：人要想把脑子里的杂乱念头彻底根除是不可能的，只有找到催生出这些杂乱念头的根源，然后进行省察克治，这样才能消除乱七八糟的欲念，心才能安静下来。《大学》所说的"知止而后定"就是这个道理。

让心安静下来，是一门修行功夫。据记载，王阳明能够做到静心，在于他采用了一种独特的方法——静坐。静坐是佛家追求的一种深度思考的方法和境界，也是王阳明的心学中倡导的提升个人定力的手段。当然，静坐本身没有特别的意义，但是这种修炼可以让一个人学会安静地面对自己。因为只有在排除杂念之后才能更加纯粹地直面内心，才能进入到忘我的状态。

王阳明被贬谪到龙场之后，就修炼成了静坐的习惯。只要他一有时间，就会端端正正地坐下来，闭上眼睛进入到冥想的状态。当然，他的这种静坐并非是照搬照抄佛、道两家的禅坐和坐忘，而是被有选择地吸纳到心学的体系中。作为儒家门派的知识分子又兼得了佛、道两家真传的王阳明，一直在静坐中寻找通往内心巅峰的状态。

某一日，王阳明像往常那样安静地打坐，忽然，他像是被电击了似的从冥想的状态中一跃而起，发出了异常刺耳的声音。这种怪叫让他的跟班误以为是野兽闯了进来，于是拿着棍棒气势汹汹地冲了进来。结果却看见王阳明一路小跑地钻出了山洞，在原地猛转了几圈之后再次静坐下来，口中则念叨："是了，是了，圣人之道，吾性自足。"

王阳明这一次静坐，被后人描述为"龙场悟道"。他之所以能够做到这种近乎于神人才能实现的事情，在于他消除了一切杂念的干扰，让心里不再牵挂任何东西，也不再受到任何外物的影响，这才能够以一颗自由之心让自己瞬间上升到一个崭新的境界。由此可见，龙场悟道虽然听来神乎其神，但是这并非是上天赐给王阳明的，而是他平时进行修炼的必然结果。

一直以来，王阳明对静坐这种认知内心的方法十分推崇，他认为这是让自己得到人生快乐的方法之一。生在党争不断、内忧外患、昏君无道的大明王朝，即使是大师级别的他也难免会感到一些不安，所以就用静坐之法。王阳明还建议弟子们"觉纷扰，则静坐"。意思就是告诉弟子们，闭目养神就会渐渐隔离开外界的喧嚣，从而发现内心更为美好的东西。换句话说，只有通过练习静坐才能更好地认识自我和感悟人生，甚至还能将内心深处的伤害进行医治，激发出自己的潜在智慧。打个比方，当一泊清澈的湖水被惊起阵阵波澜的时候，视力再好的人也看不清湖底；但是当湖面安静下来的时候、你才能发现水底原来别有洞天。所以，静坐也好，养心也好，都是人生中的一种修炼方式，对生活在越来越压抑和窒息的社会中的人们是非常有必要的。

我们生活的世界杂乱纷繁，在这样的环境里，要想保持内心的安静，我们需要练就一项“绝学”——“静坐”。其实，静坐仅是个形式，我们所求的是心安。

❖ 跟王阳明学心学智慧

只有让内心安定，才能集中精力思考，让你的人生计划、职场规划、社交策略都有一个清晰的路线图。只有当你比任何人都淡定的时候，才能更容易得到你想要的东西。

摆脱修行的羁绊

王阳明也强调“专注”二字，这一点我们可以从他与弟子的对话中看出。

一日，弟子陆澄问老师：“主一之功，如读书则一心在读书上，接客则一心在接客上，可以为主一乎？”王阳明回答：“好色则一心在好色上，好货则一心在好货上，可以为主一乎？是所谓逐物，非主一也。主一是专主一个天理。”

陆澄问王阳明，读书则一心用在读书上，待客则一心用在待客上，这称得上“专注”二字吗？王阳明说，一心好色和一心贪财，称得上是“专注”吗？这些所谓的“专注”只是追逐事物，而不是“专心致志”，真正的专心致志是一门心思专注于天理。

从前，在一个寺庙中，有一位和尚，已经修行了很久，却仍未得道。原因就是他贪吃贪喝。别人吃一钵饭就够了，可是他总觉得不够，吃了还想再吃。有时明明已经吃不下去了，还要向别人要。眼见比他晚进来的师弟们都一个一个得道了，而他却没有什么长进。于是他很苦恼地请教住持："师父啊！为什么我这么认真刻苦地修习佛法，却一直没有得道呢？"

住持回答说："正是因为你贪吃，所以一直没有得道。不用着急。这样吧，明天我为你准备一餐饭，等你吃完后我再告诉你到底怎样才能得道。"

第二天一大早，这个和尚便急忙赶到住持那里。住持看见他来了，就端出满满一钵的小米粥，旁边还放着一个空盆。钵里的粥不断冒出热气，还散发出一阵阵诱人的香味，看得出来是刚做好的。

住持说："你一大早就赶来了，应该还没吃早饭吧。这一钵小米粥归你了。你可以把它吃得精光，吃得像旁边的空盆一样。不过，这是刚做好的小米粥，要等它稍微冷一点儿之后，你才能吃，要不会很烫的！"

和尚一闻到小米粥的香味就控制不住自己，很想马上把它喝掉，免得一会儿有人来分享。于是，他低下头对着那钵热腾腾的小米粥使劲儿吹着，想让粥快点冷下来。

刚吹了一会儿，他就急着问住持："这粥已经冷了，我可以吃了吧？"

住持盯着他说："小米粥就算被你吹冷了，可是你的心还是热的。你应该把粥看作是不干净的东西或者是一碗清水，这样你才能使自己的心冷却下来。"

和尚茫然地听着住持的话，似乎听懂了些什么，可是还是迫不及待地端起钵，开始喝小米粥。结果小米粥太烫，他不得不吐出来，刚好吐在面前那个空盆中。

这时，住持指着他刚吐出来的小米粥对他说："你现在再把它吃掉。"

和尚惊讶地回答说："吐出来的，已经是不干净的东西了，怎么能再吃下去呢？"

这时候住持便对他说："只要你把一切食物看作是别人的鼻涕或呕吐物，你的心自然会清净下来。内心清净才能深入了解佛法要义，才能修得正道啊！"

和尚顿时恍然大悟，马上改掉了贪吃的恶习，刻苦用功，后来果然进步神速，不久就修成了大道。

犹如王阳明说的一样："如果我们破除一切执着尘劳，丢掉身外乱性的贪婪和物欲，找回自己，这样就能获得身心的自然安宁，惬意、舒适、安逸、幸福的生活也随之而来。"

王阳明常教导弟子们在学习时要认真，要用心，绝不能懈怠、懒惰。弟子都遵从老师的吩咐，勤奋修行，很多弟子因此学有所成，成为一代名家。

佛学中的故事意在告诉人们，人在完善自己的时候一定要专心，稍有杂念，可能就不会得到自己想要的结果。王阳明把尘世中的杂念看成是个人修行的障碍，是完善自己的羁绊，因此告诫人们修行要专心专一，心无旁骛。

❖ 跟王阳明学心学智慧

无论做事情，如果心中杂念太多，必然会影响前行的脚步，只有静下心来，心无旁骛，才能收获更多。

第四辑
成事在心，心之所向终能抵达

王阳明说过："某于良知之说，从百死千难中得来……"意思就是说，他之所以能成就"心学"之说，也是经历了无数的磨难的。王阳明十分推崇心力的作用，在他看来，一个人能成事，首先要有一颗成事的心，这样，才能冲破种种阻碍，达到自己的目的。一个人内心的强大，才能带来事业的强大。

没有目标的人将一事无成

王阳明曾经对弟子说："你们在这里学习一定要立下做圣人的决心，每时每刻都要有一种'一棒打出一条伤痕，一掌打出一道血印'的精神，才能在听我讲学时，感到句句有力，印象深刻，如果整天糊糊涂涂地混日子，好似一块死肉一般，打也不知道痛，最终也学不到学问的精髓。回家后，还是只能把以前的老方法拿出来用，这样浪费时间，你们不觉得可惜吗？"

古语说得好："志不强者智不达。"法国军事家拿破仑也曾说："不想当将军的士兵不是好士兵。"确立远大志向是成就人生至关重要的一环，有了目标才能奋斗，有了好的目标才能有好的收获。王阳明从小便胸怀大志，即读书做圣贤之人。

一次，年仅十二岁的王阳明在书馆里问他的老师："何为第一等事？"

老师回答说："唯读书登第耳。"

王阳明持着怀疑的态度反驳道："登第恐未为第一等事。"

老师反问他什么才是人生的头等大事，王阳明说："读书学圣贤耳。"

王阳明在十二岁便认为登第当状元只是外在的成功，而读书做圣贤是追求内在的修养，才是第一等事。

在大人们看来，年幼的王阳明这样的口气未免有些张狂，甚至还带着点滑稽可笑的味道，但是这崇高的志向对王阳明以后的人生产生了深远的影响，在思考和实践的过程中，他常常以此为标准来回答和解决遇到的问题，并最终开创了心学。

纵观历史，凡成功者均会立长志，即立大志。岳飞，从小立下"精忠报国"的志向，纵使英年早逝，也已成就尽忠国家的夙愿。周恩来总理从小立志"为中华之崛起而读书"，并经过不懈的努力，成为一位卓越的领导人，为振兴中华献出自己全部的精力。因此，每个人都应努力向上，树立远大的理想，成为一个优秀的人。

一百多年前，在一棵大树下，一位老人正在给一群孩子讲太平军的故事。故事刚讲完，就有一个孩子站起来，称赞太平军首领洪秀全是反清大英雄，并发誓要做“洪秀全第二”。这个从小立志的孩子，就是后来推翻清王朝统治的同盟会的首领孙中山。

为了救国民于水火，孙中山联合反清志士，在檀香山组织了革命团体兴中会，建立了中国第一个资产阶级革命团体，大大推动了中国革命进程。

少年孙中山提出做“洪秀全第二”的梦想，并为之奋斗终生。他实现了这个理想，并大大超越自己的理想。孙中山开创了一个崭新的时代。

伟大的目标可以产生伟大的动力，伟大的动力导致伟大的行动，伟大的行动必然会成就伟大的事业。没有目标的人一生都在原地打转，最终碌碌无为、抱憾终身；而目标明确的人从小就设定奋斗的方向，并为之不断努力，所以他们能从芸芸众生中脱颖而出，成为优秀的人才。

的确，人都有欲望和梦想对人的成长尤为重要，但大多数人没有明确具体的人生目标，这便是成功和幸福总是钟情于少数人的重要原因之一。人生的胜者占总数的1%抑或更少，但都有一个明显的特征，与他人截然可分，这，就是生活和奋斗的鲜明的方向性，即由欲望和梦想演化而成的行动目标。目标不但使我们的行动有依据，人生有意义，还能激发我们的斗志，开掘我们的潜能。

❖ 跟王阳明学心学智慧

在人生的前方设定一个目标，不仅是一个理想，同时也是一个约束，就像跳高，只有设定一个高度目标，才能跳出好成绩来。

先为人生找到方向

俗话说，“人若有志，万事可为。”一个没有志向的人，很容易迷失了人生的方向，最终免不了庸庸碌碌，一事无成。立志是成功的动力，能让我们为实现人生目标不懈地奋斗，能使凭借坚忍不拔的信念屹立在成功的巅峰眺望远方。

王阳明作为一代大儒，对立志与人生的关系有着独到的见解，他说："一个人若是想做出一番事业，首先要立志，否则就会一事无成，即便是各种工匠技艺，也都是靠着坚定的意志才能学成的。"

一个人的理想往往决定了他的高度。燕雀安知鸿鹄之志，鸿鹄要像大鹏那样展翅翱翔于九天之高，尽收天下于眼中，而燕雀没有那么远大的理想，自然对能够触及榆树就已经心满意足了。

有了高远的志向，成就事业才有了可能，立志是十分重要的。王阳明能成为一位洞悉心灵奥秘的心学大师，正是在其志向的引领下一步一步达成的。即便后来受到种种磨难，他也没有放弃。不只是王阳明，古往今来，每个有所成就的人物都为自己树下远大的志向，告诉自己要去哪里，然后向着目标不懈奋斗，直至成功。

班超是我国西汉时期杰出的军事家和外交家，他从小胸怀大志，不拘小节。公元 62 年，班超因哥哥被聘为校书郎而随同母亲一起来到洛阳。因为他写得一手好字，便受官府的雇用，抄写文书，以此谋生。为了将这份工作做好，班超每天天不亮就起床，晚上很晚才睡。

当时，北方的匈奴时常侵犯汉朝边境，班超特别愤慨；同时，他又看到西域各国与汉朝的交往已断绝了 50 多年，心中非常忧虑。有一天，他正在抄写文件，写着写着，觉得这份工作实在无聊，想到自己远大的志向，忍不住站起来，将笔狠狠地掷在地上说："大丈夫即便不能实现自己的理想，也应该为国家作贡献，怎么可以在这种抄抄写写的小事中浪费生命呢！"周围的人听了这话都笑他，班超回应说："凡夫俗子怎能理解志士仁人的襟怀呢？"于是，他决定"投笔从戎"，去干一番大事业。

后来，他成为一名将领，在对匈奴的战争中取得胜利。接着，朝廷采取他的建议，派他带着数十人出使西域，重新打通了丝绸之路。他也因此成为我国历史上杰出的外交家，名垂青史，万古流芳。

班超投笔从戎，建立了千秋功业，正因他没有满足于抄抄写写，安稳度日。他把自己的境界和志向提升到一定的高度，才做出名垂青史的成就。可见，有明确的人生志向对一个人是何等重要。

王阳明认为："志不立，如无舵之舟，无衔之马，飘荡奔逸，亦何所底乎？”明代思想家程颢说：“治天下者必先立其志。”明代文学家冯梦龙有言曰：“男人不展风云志，空负天生八尺身躯。”由此可见，成大事者都十分推崇志向对人生的引导作用。

❖ 跟王阳明学心学智慧

人生短暂，如果你不想虚度光阴，而希望自己的人生更有意义，就必须立志，而且还要早立志、立大志。

坚持自己的心

关于如何立志，王阳明做了一个非常精当的比喻。他说立志用功，就像种树一样。当从根上长出芽来的时候，还没有干，当有干的时候还没有枝，先有枝然后才有叶，先有叶然后才有花实。当你开始种根时，你只管栽培灌溉，不要去想枝，不要去想叶，不要去想花，不要去想果实。悬空去想有什么好处呢？只要不要忘记栽培灌溉，还害怕没有枝叶果实吗？这个比喻很形象地告诉我们应该如何立志。

风筝能飞多远，关键在于手中的线有多长。如果线断了，再好的风筝也飞不起来。我们想要成功的心，就是牵着风筝的线，不要让线在风筝飞上云端之前断掉，更不要在“心想事成”之前放弃最初的梦想。成功不仅需要奋力拼搏，更需要一份坚持不懈的动力。

王阳明作为“心学”的创始者，强调个人的主体意识和自主精神。他认为，只要心中不忘存天理，就是立志。不忘记这一点，久而久之心自然会凝聚在天理上，就像道家所说的“把凡胎修炼成圣胎气，如此将天理时刻铭记”，逐渐达到宏大神圣的境界，也是从心中最初的意念不断坚持并发展下去。

“心之所想”虽然只是停留在脑海中的意识，看似虚无缥缈，却有着不可小觑的力量。王阳明所言的“念念存天理”，就是用我们的意念影响我们的思维。当心存念想时，就能做到心无旁骛、专心致志；倘若心无所思，则难以排除杂念，陷入胡思乱想之中。

“心之所想”的力量远不止于此。在奋力追求成功的人生道路上，“想成功”是必不可少的前提条件。缺少这份“心之所想”的动力，抑或受外界干扰而无法将之坚持到底，则难以发挥自身潜在的能力，难以超越自我，挑战极限。

明朝后期是中国古代科学技术史上最灿烂辉煌的一段时间，此时出现了一位伟大的地理学家、探险家——徐霞客。

徐霞客自幼聪明好学，喜欢读历史、地理、游记之类的书籍，立志长大之后遍游国家的大好山川。

但是父亲去世后，老母无人照顾，徐霞客的游历计划被打断，终日闷闷不乐。母亲看出他的心思，对他说：“男儿志在四方，哪能为我留在家里。”母亲的支持，坚定了徐霞客远游的决心。

徐霞客有了勇气和力量，便辞别母亲开始游历。他先后游历太湖、洞庭湖、天台山、雁荡山、泰山、武夷山和北方的五台山、恒山等名胜，并且记录下各地的奇风异俗和游历中的惊险经历。

几年后，徐母去世，徐霞客便把全部精力放在游历考察事业上。他跋山涉水，到过许多人迹罕至的地方，攀登悬崖峭壁，考察奇峰异洞。

在湖南茶陵，徐霞客听说这里有个深不可测的麻叶洞，便决心探访。可当地人说洞里有神龙和妖精，没有法术的人不能进去。刚走到洞口，向导得知徐霞客不会法术，就吓得逃跑了。徐霞客毫不动摇，手持火把独自进洞探险。当他游完岩洞出来的时候，等候在洞外的当地群众纷纷向他鞠躬跪拜，把他看成是有大法术的神人。

徐霞客白天考察，晚上就借着篝火记录当天的见闻。30多年里，他走遍祖国南北，对曾走过的地方的地理、地质、地貌、水文、气候、植被作了深入细致的调查研究，并用日记形式进行了详细、科学的记录。徐霞客死后，这份记录由他人整理而成闻名世界的《徐霞客游记》。

很多人心有所想，却难以为了愿望而坚持不懈地努力下去，难以为了那个目标而坚定地执行下去，因为总是会被来自外界的各种各样的俗务所干扰，每个人都向往成功，但是心有所想的同时还要排除外界的干扰，要在心里不断提醒自己，不断朝着目标前进，虽然当我们想着“下次考试提高二十分”、“一个月减肥十公斤”、“毕业后就要买房”的时候，自己都不太相信，因为这些都是身边无数人没能实现的目标，然而，倘若就这样气馁了、放弃了，那我们距离成功将越来越遥远。我们要相信自己的心之所想，清楚地告诉自己想要的是什么，并为之而努力奋斗，想都不敢想的事情，未必就是我们无法做到的事情。大胆地坚持心之所想，方知自己的潜力有多大。

❖ 跟王阳明学心学智慧

不要在“心想事成”之前放弃最初的梦想、成功不仅需要奋力拼搏，更需要一份坚持不懈的动力支持。

确立志向不能好高骛远

有理想固然是值得夸奖的，但理想必须建立在现实的基础上，一个有理想的蚂蚁，它的理想是把自己变成最优秀的蚂蚁；一个有理想的狮子，它的理想是把自己变成最优秀的狮子。蚂蚁想变成狮子，那便是好高骛远、痴心妄想了。

在王阳明看来，后世儒生大多不明白圣人的学说，不知道在自己的良知良能上去体察扩充，反而去追求自己不了解的事物，去做自己不能做、做不好的事情，一味地好高骛远、爱慕虚荣。这就好像一个人不知道自己多大的心地，却动不动要做尧舜的事业，这怎么可能呢？

在确立人生方向时不好高骛远，而是要量力而行，才不至于招致失败。

许多人在确定人生志向时好高骛远，给自己定了异常远大、不切实际的目标，这违反自然规律，行动起来将寸步难行，最后只会使自己失望，加深挫折感而已。要知道每个人都有自己的极限，超过极限的事，是难以做成的。

在深山中有一座千年古刹，一位高僧隐居于此。有些人千里迢迢来寻找他，有的人想求大师指点迷津，有的人想向大师学一些武功。他们到达深山的时候，发现大师正从山谷里挑水回来。大师挑得不多，两只木桶里的水都没有装满。

按他们的想象，大师应该能够挑很大的桶，而且挑得满满的。他们不解地问：“大师，这是什么道理？”

大师说："挑水之道并不在于多，而在于够用。一味贪多，适得其反。"众人越发不解。大师从他们中拉了一个人，让他重新从山谷里打了满满两桶水。那人挑得非常吃力，摇摇晃晃，没走几步，就跌倒在地，水全都洒了，那人的膝盖也摔破了。

"水洒了，岂不是还得回头重新打水吗？膝盖破了，走路艰难，岂不是比刚才挑得更少吗？"大师说。

"那么大师，请问具体挑多少，怎么估计呢？"

大师笑道："你们看这个桶。"

众人望去，桶里画了一条线。

大师说："这条线是底线，水绝对不能高于这条线，高于这条线就超过自己的能力和需要。起初还需要画一条线，挑的次数多了，就不用看那条线，凭感觉即知是多是少。这条线可以提醒我们，凡事要尽力而为，量力而行。"

众人又问："那么底线应该定多低呢？"

大师说："一般来说，越低越好，因为低的目标容易实现，人不容易受到挫伤，相反会培养起更大的兴趣和更高的热情，循序渐进，自然会挑得更多、挑得更稳。"

生活中，有许多人都像上文中那个打了两满桶水的人一样好高骛远、急功近利，结果往往事与愿违，很难达到目的。道理固然简单明了，但很少有人能够真正地理解和贯彻到自己的行动中。只因大多数人都希望成为不平凡的人，梦想成功，才华获得赏识，能力获得肯定，拥有名誉、地位、财富，遗憾的是，真正能做到的人，总是少数。大多数人不能量力而行，总是在经意或不经意之间陷进好高骛远的泥潭里。

❖ 跟王阳明学心学智慧

我们在确定人生方向的时候，一要时刻掂量自己。量力而行，才能选对方向，获得成功。

确立志向一定要“正”

《诫子书》中有句寻常但又耐人寻味的话：不努力学习就不能增长才智，不立志就无法成就学业。这个“志”就是理想，是源自内心的坚定信念。理想是火，点亮希望的灯；理想是灯，照亮前行的路；理想是路，引导我们走向成功。然而，一旦失去了德行，理想又能带我们走多远？

王阳明认为：“确立志向之时，倘若其志不正，则容易失之偏颇，惨淡收场；其志不高，则容易碌碌无为，一事无成。”

王阳明和同辈人不一样，他从小立志要做圣人，也就是去探究宇宙人生的奥秘。为此，他习读百家书，曾遵从朱熹的“格物致知”去格万物，最后从陆九渊那里找到了圣人之道，还领悟出了“知行合一”的道理。

王阳明的哲学，不仅可以用于政治，比如扳倒严青的徐阶就是受其影响；也可以用于军事，比如他自己平定了很多次的叛乱。一介文人，作战百无一失，在中国历史上是绝无仅有的，而他所做的，只是一直在修养自己。只要火候到了，就如同鱼跃龙门，化身为龙，自由地游走在天地之间，无往而不利。

志向对于人来说，其实是未来行为举止的驱动力，没有志向的人如同旋转的陀螺，不知道停下的位置在哪里。正如先贤孔子所说的一般：“志于道，据于德，依于仁，游于艺。”意思是说，将天地道义的实现作为自己终生奋斗的目标，然后用道德的标尺来约束自己，以仁义作为自己处世的原则，同时还要学习六艺来丰富生活的内容。道德之性是实现人生目标必不可少的重要条件。而其中最重要的前提便是树立高远的志向，以志向来引导前进的方向。

秦朝相李斯年少时跟随荀子念书。由于家境贫寒，经常食不果腹。一日，李斯在厕所里看到粪坑中的老鼠，又小又瘦，一见到人就惊慌逃窜。过了几日，李斯去米仓盛米，看到一只在米仓中偷米吃的老鼠。这只老鼠又肥又大，见着李斯不但不逃跑，反而瞪着眼很神气地看着他。李斯觉得很奇怪：为什么厕所中的老鼠见着我就拼命地逃跑，而这只老鼠见着我不但不逃跑，反而还敢瞪我呢？

李斯陷入沉思，反复琢磨两只老鼠间的差异，终于悟出了一个道理：

又小又瘦、见人就逃的老鼠，是没本事没靠山、被欺负惯了的老鼠；而又肥又大、见人不避的米仓老鼠，认为自己很有本事，很有靠山，所以敢见人不避，目空一切。李斯突然觉得，现在的自己就像厕所里的那只小老鼠，非常可怜。于是，李斯暗暗发誓：做人也要如此，要做就做米仓中的大老鼠，绝不做那可怜的粪坑老鼠，不但吃不饱，还受欺负！

悟出这个道理之后，李斯便告诉荀子自己不读书了。荀子问他不读书要去做什么，李斯说要去游说诸侯，求得功名富贵。就这样，李斯半途荒废了学业，开始追求富贵功名的人生。后来，李斯得到秦始皇的信任，当上了秦朝承相。他在为人处世中处处奉行“老鼠哲学”——仰仗秦始皇的信任和自己的地位，打击陷害异己忠良，贪赃枉法，肆无忌惮。但秦始皇死后，李斯落了个五马分尸的悲惨结局。

米仓中的老鼠激励着李斯立下了人生的大志，但是“老鼠哲学”却又让李斯一败涂地。“据于德，依于仁，游于艺”固然重要，但人生全部的努力及其方向，更多地源于我们确立的志向。

然而，高远的志向只是心之所向的念想，如何将之付诸实践呢？对于这个问题，不同的人会做出不同的选择。而最典型的莫过于“依于仁”“游于艺”，抑或徘徊于二者之间。

苏轼与佛印出游，看到一个木匠在做墨盒，于是即兴对诗。佛印曰：“吾有两间房，一间凭与转轮王，有时放出一线路，天下邪魔不敢当。”苏轼淡然一笑，对曰：“吾有一张琴，五条丝弦藏在腹，有时将来马上弹，尽出天下无声曲。”

同样一根线，苏轼与佛印看出了不同的人生哲理。佛印说的是眼前所见的墨盒里的线，用的时候要拉出来，非常直，就像为人处世所坚持的原则和底线，天下邪魔看到他的正直都不敢靠近。他强调了端直的人品和操守对实现人生目标的重要性。再看苏轼所言：我也有丝弦，不过不像墨盒的线那样要拉出来，而是藏在我心中。苏轼用弹奏只有自己能够明白的天籁之音来比喻他的人生追求自由自在的欢愉。

上述二人不同的人生态度分别代表了中国人格理想上的两个支点：“仁”是嘈杂世界中生命自我选择与坚持的力量；而“艺”是令我们心神

荡漾、触目生春的欢愉。这两点之于生活，就如阳光雨露之于草木，缺一不可。然而最为重要的，还在于“志于道”。

❖ 跟王阳明学心学智慧

王阳明高度强调道德的自我完成，在他看来，凡墙都可以是门，只有树立远大的抱负，循着高尚而伟大的理想之路从心头做起，才不至于鼠目寸光，荒废一生。

历经磨难才能修成正果

王阳明说过：“某于良知之说，从百死千难中得来……”意思就是说，他之所以能成就“心学”之说，也是经历了无数的磨难的。可见，王阳明认为，磨难是普通人修炼成圣人的必经之路。

苦谛是对人生痛苦问题的揭露及对人生价值的判断，王阳明认为，人生的根本特征是“苦”，具体而言，就有生、老、病、死、别、离、怨、憎等苦，种种苦终归为身心的存在或身心能量过剩，并导致“五阴炽盛苦”，合称八苦。或说，身心活动及经验界中一切事物的无常变易都与追求永恒快乐的人生深层意欲相矛盾，因而从本质上讲，整个的人生主观感受都是苦，快乐仅是相对。所以王阳明常说：“有生皆苦”、“无常即是苦”。

其实，王阳明说人生有苦，是对人生的苦有着积极的看法，在王阳明的眼里，苦是人生的必然，是对人的锤炼。他说：“横逆困穷，是锻炼豪杰的一副炉锤。能受其锻炼若，则身心交益；不受其锻炼若，则身心交损。”在王阳明的眼里，磨难是对人生的必修课，一个人的身心，只有在锤炼下才会日益强壮，最终找到自己的天空。

在一个寒冷的冬天，外面下着很大的雪，有一个名叫“滴水”的和尚去天龙寺拜见仪山禅师。可是仪山禅师却不让他进门。那个和尚就在大雪纷飞的门外一直跪着。

这一跪就是三天，不但不吃不喝，而且浑身上下成了雪人。仪山的弟子看他可怜，纷纷为他求情。可是仪山禅师说："寺院不是收留那些流浪汉的地方！"弟子们没有办法，只好走开。

第四天，太阳出来，那个和尚身上冻裂的地方雪水和血水混在一起开始流，疼痛钻心。他一次次地倒下又重新起来跪在那里。弟子们于心不忍，向师父求情。仪山依然命令弟子："谁也不准开门，否则就将他逐出门外！"

七天过后，这个和尚支撑不住，倒了下去。仪山出来试探一下他的鼻息，下令将他扶了进去。这样，修养一段时间后的滴水终于进了仪山门下参学。

有一天，滴水和尚向仪山禅师问道："师父，无字与般若有什么分别？"

话刚说完，仪山大怒道："这个问题岂是你能问的？滚出去！"

滴水不明白师父为什么发这么大的火？忽然间，滴水想到师父说过：有与无都是自己的肤浅意识，你看我有，我看我无。他心平气和了。

当时，很多人都难以忍受仪山的冷漠苛刻，可是滴水说："人间有三种出家人，下等僧只会利用师门的影响力，发扬光大自己；中等僧只能是欣赏家师的慈悲，步步追随；只有上等僧才能在师父的锤炼下，早日开悟，甚至青出于蓝胜于蓝。"

在充满坎坷的人生中，惟有肯于比别人忍受更多痛苦的人，才能超越他人而成为强者，品尝别人欣赏不到的人生。

❖ 跟王阳明学心学智慧

磨难是人生的必修课，一个人的身心，只有在锤炼下才会日益强壮，最终找到自己的天空。

立命之本是把握当下

有修为的法师，在读书冥想之前，要先吃粥饭才能有力气悟道求索；功力深厚的画师，在挥毫泼墨之前，要先研磨铺纸才能画出惊世的作品。无论有多么高远的志向摆在前方，当下的点滴小事却是通往康庄大道的必经之路。一碗粥，一盒墨，便是人生修为的始发站，没有这眼前事的成就，人便不会有立命安身的根基，所谓梦想更是无从谈起。

曾经有朋友问王阳明：“私意萌时，分明自心知得，只是不能使他即去。”意思是：在他内心有了私心杂念的时候，心里虽然能够意识到，可总是不能将这些私欲去除。

听了朋友的话，王阳明对他说：“你私意萌时，知便是你的命根，当下即去消磨，便是立命功夫。”这句话的意思是：私心杂念刚开始萌动的时候，恰恰是彻底革除之良机，而当下就能立刻把这种私欲消除，这才是人生立命的真功夫。朋友意识到了私心杂念的存在，可是他却没有展开行动去消灭它。王阳明就告诫他，做事情要知行合一，既已经有了这个想法，那么就要立刻去执行，把握当下才是立命之本。

大珠慧海禅师是唐代著名的高僧。有一次，有源禅师向他请教：“像您这样德高望重的人，也需要用功参禅吗？”

禅师回答说：“当然要了。”

有源禅师又问：“那么您是怎样用功的呢？”

大珠慧海禅师回答说：“饿了就去吃饭，困了就去睡觉。”

有源禅师听了之后大惑不解：“如您所说，那么天下的人不是都和禅师一样用功了吗？”

然而禅师却摇摇头说：“这当然是不一样的了。”

有源禅师不理解问：“还不都是吃饭睡觉，有什么区别吗？”

禅师笑着回答说：“普通人吃饭的时候不好好吃饭，脑子里总是在想其他的事情，在睡觉的时候也是思量再三；而我吃饭的时候就是为了满足食欲，睡觉的时候就是让自己充分休息，差异就在这里。”

“把握当下”恰恰也是王阳明毕生的实践法则。王阳明看书的时候，脑子里就只有一个念头：把它吃透。如果是阅读儒家经典，就要搞清他们的精髓所在，从中寻找安邦定国的道理和法则；如果是研究军事著作，王阳明就努力弄懂如何制定出有效的克敌策略，能够把大明王朝那每况愈下的治安状况扭转。不仅读书如此，当王阳明惹怒了刘瑾被关进大牢之后，在阴暗潮湿的监狱里，他所思考的不是如何继续拯救国家和匡扶正义，而是忍受着身体和精神上的折磨，把狱卒送来的馊馒头一口一口地吃进肚子里。对于那个时候的他来说，保命才是最重要的。而这段不堪回首的经历，其实也印证了心学的一个法则：专心。不管饭菜的质量如何，当下应该做的就是吃下去，吃下去才能活下去，活下去才能有机会去实现自己的抱负。把握当下才是立命之本，做好了眼前事，就是最大的成功。

当然，珍视当下并不意味着放弃未来，正是因为珍视当下才可能赢得一个美好的未来。烦心的事情很多，于是总有人自叹是操心命、张罗命、忙碌命，感觉未来的生活是那么缥缈，觉得压力太大难以承受，却忘记了刚刚实现的一个小愿望或者成功做完的一件小事。其实，成功无所谓远近大小，只要能否满足你此刻的内心欲求，就是一种当下的圆满。

❖ 跟王阳明学心学智慧

无论你将来能获得多大的成就，但是在当下你却只能从读一本书、做好一段读书笔记的小胜利感中寻求安慰。快乐存在于何处？只存在于当下。

生命需要坚强和韧性

当遭遇失败或者挫折时，我们应该有一种什么样的心态呢？对于这个问题，王阳明给了我们答案。

王阳明说："凡'劳其筋骨，饿其体肤，空乏其身，行拂乱其所为，动心忍性以增益其所不能'者，皆所以致其良知也。"这句话是什么意思呢？劳其筋骨，饿其体肤，这是孟子的话，指的是人生道路上的种种坎坷，当然也包括了失败。王阳明引用孟子描写人生坎坷的话，是为了说明人生的一切坎坷都是为了致良知，也就是让自己得到完善。由此可见，王阳明对于失败的真实看法是：虽不足喜，但也不必忧，可以把失败当成是自我完善的一个机会，从失败中亦能得到一些收获。

王阳明说得不错。成功也好，失败也好，个人总是无法掌控的。个人能做到的，就只有看淡成败。看淡了成败，因成败而带来的心灵纠葛也就会烟消云散了。那么如何看淡成败呢？在这一点上，我们不妨试着以对待四季的态度来对待成败。

一年分四季：春、夏、秋、冬，有人喜欢秋天的秋高气爽，有人讨厌冬天的数九寒天，有人喜欢春天的微风拂面，有人讨厌夏天的烈日炎炎。然而无论是喜欢也好，讨厌也罢，四季都是不停地轮转而无法割裂开来，没有让某一个人单独只过一个节气的，因而我们看到世间没有人抱怨四季，大家只是在自己喜欢的季节好好享受，而在不喜欢的季节也能泰然处之。

我们对于人生也应该有这样的态度，无论是在成功还是失败时，都保持一种良好的心态。而且我们要明白一个道理，世间正是因为有了四季的交替，才给了万物一个良好的成长环境，而我们的人生也正是因为有了成败输赢，才使得我们一点点地成长起来。

春夏秋冬对于万物而言是必须的，酸甜苦辣对于身体来说都是有营养的，而成功失败对于我们的人生而言都是能够带来收获的。有人认为失败是人生的灾难，一遇到失败就怨天尤人，恨不能赶快摆脱这个恶魔。这些人不明白，其实失败也是对于人生的历练，如果能够在失败中总结经验教训，那么对于人生的收获而言，往往要比成功更有价值。

曾经有这样一位年轻的美国律师，在他早年的生活中，失败就仿佛他的搭档一样，总是伴随在他的左右。在人生最低谷的时候，这位年轻的律师曾这样写下自己的心态："我现在是世上最不幸的人。我究竟能不能突破困境，我也不敢说。我有预感，这似乎不会好转。"

这个年轻人说得一点也不夸张，和很多人比起来，他的确是非常不幸。他自幼贫穷，基本上没有受过什么良好的教育。23岁时，他辛苦创建的公司倒闭了；24岁的时候，他的恋人因为得了斑疹伤寒离他而去；31岁他结了婚，但结婚之后的他却总是被妻子挑剔，对于这样不幸婚姻的痛苦他有口难言，几次想要离家出走。在岳父家的资助下，他开始谋求公职，但不幸又再次降临，他鬼使神差般输掉了一次又一次的竞选，为此很多人嘲笑他是"常败将军"，甚至就连岳父家也开始对他绝望。

但在一次次的失败打击下，这个从年轻人变成了中年人的小伙子却越来越坚强，失败让他获得了比成功更多的财富——坚持。终于，在他50岁那年，他获得了成功，成为了美国第十六任总统，他就是亚伯拉罕·林肯。

在历史的长河中，林肯总统就是一个厚积薄发的最好的例子，他的深厚基础是什么呢？就是他从失败中学习到的坚强和韧性。

❖ 跟王阳明学心学智慧

就如同挑食不利于健康一样，良好的人生是不应该挑选境遇的。境遇好了就享受，境遇不好就怨天尤人，如此称不上是一个成熟的人。

在千难万苦前咬牙挺住

“自古雄才多磨难，从来纨绔少伟男”，这句古诗经常被人们提起，其意是告诫人们：成功的人生须经历磨难，不经历磨难的人生是不可能成功的。

磨难出英雄，自古就是真理。一个人若不经历痛苦和挫折的考验，是很难担得起大任的。孟子云：“天将降大任于是人也，必先苦其心志，劳其筋骨，饿其体肤，空乏其身，行拂乱其所为，所以动心忍性，增益其所不能。”由此可见，磨难实际上是在帮助人提升自己，让人更加坚强，更加完善。

王阳明曾经说过：“从百死千难中得来，实千古圣圣相传一点滴骨血也。”意思就是说，他之所以能成就“心学之说”，也是经历了无数的磨难的。可见，王阳明认为，磨难是普通人修炼成圣人的必经之路。

龙门在今天山陕交界处的壶口瀑布，黄河水从壶口咆哮而出，进入晋陕大峡谷，峡谷的最窄处就是龙门所在。每年龙门开启的时候，都有无数的鲤鱼逆流而上，顶着奔腾的激流，越过一片片险滩和岩石，想要过龙门，化身成龙。

在游向龙门这一路上，鲤鱼们要经历千难万险，稍有差池就可能被激浪卷到岸上或者被飞起来的沙石拍个粉碎，但也正是这艰险的旅程，才造就了最后成龙的可贵。只有那些不畏艰险，迎难而上的鲤鱼，最后才能真正跃过龙门，变成真龙。

如果我们将“鲤鱼跃龙门”看做是一个人的人生，那么跃过龙门的鲤鱼无疑就是成功者。这些鲤鱼有大有小，有雄有雌，可谓是参差不齐。然而有一点是它们的共性，那就是经历了滔滔黄河水的洗礼而没有后退，最终战胜了这痛苦的历程。

我们的成功，也像鲤鱼跳龙门一样。成功道路上的失败就是那逆流而上的艰险考验，它锻炼我们的意志，考验我们的能力，让我们越来越强，从而获得成功。

作为好莱坞历史上最著名的动作明星，史泰龙的名字自然是家喻户晓。然而在他成名之前，很少有人知道他也曾经有过一段非常漫长的痛苦经历。

在年轻时，史泰龙是一个挣扎在贫困线上的穷小子。他落魄的时候连住的地方都没有，唯一的财产就是一部又老又旧的二手汽车，为了节省房租他就睡在车里。但即使是这样他有时也要为没有付停车位的钱而发愁；因此人们经常能够看到他将车子停在24小时营业的超市门口，因为那里的车位是不用付钱的。

即使是如此潦倒的生活，史泰龙也是有着自己的理想的，他要成为家喻户晓的电影明星。为了实现这一理想他挨家挨户地拜访了好莱坞的所有电影制片公司，寻求任何能够出镜的机会。然而，他的理想在现实面前被击得粉碎。

当时的好莱坞总共大约有500家左右的电影公司云集此地，史泰龙逐一进行拜访，却遭到了500次拒绝。面对这500次拒绝，史泰龙虽然痛苦，但并没有灰心。他回过头来，又从第一家开始，挨家挨户地自我推荐。结果如何？又是500次被拒绝。

被拒绝了1000次，这让史泰龙痛苦不堪。他几次想要放弃，然而最终成功的信念和内心那种刚强的意志战胜了放弃的念头，他又一次敲开电影公司的大门。最终，他成功了，他的坚持让他得到了回报。而在回报到来之前，他所经历的拒绝居然有1885次之多。

磨难总是痛苦的，在痛苦面前选择退缩、避让，这是人之常情。然而一旦退缩了、避让了，那么成功也就离你远去了。

当年王阳明在被贬谪龙场之前，不是也曾经有过不去的念头吗？龙场之行之苦，超出一般人的想象，因而放弃也不是不能理解的。但最终王阳明还是选择了坚持，大步向前地去迎接可能到来的磨难，而结果如何呢？磨难在给王阳明带来痛苦的同时，也给了他成功的机会，在龙场的穷山恶水之间，王阳明悟得学问的奥妙，最终完善了心学。

❖ **跟王阳明学心学智慧**

如果没有龙场之行，可能就不会有阳明心学。磨难和成功在很多时候，都是有着一种微妙的联系的，磨难带给你痛苦的同时，成功很可能就在后面跟着到来了。

成功要经得住磨练

王阳明说："人须在事上磨炼做功夫乃有益。若只好静，遇事便乱，终无长进。"这句话其实就是要人在平时多经历磨炼的意思。"只好静"是说一个人不愿意经历磨难，一个人不愿意经历磨难会怎么样呢？那就是"遇事便乱，终无长进"，遇到事情便不知所措，这样的人生终究不会有什么成就。

凡是有志于做大事的人，就不要怕磨炼。因为没有磨炼，就没有成长；经历的磨炼越多，成长也就越快。在人生的道路上，我们总不免被人误解、质疑、否定，这些其实都是人生对我们的磨炼。在这些面前，有些人选择了沉沦，有些人则选择了坚持。选择沉沦的人很可能会就此平庸下去，而选择接受磨炼、完善自我的人，则在磨炼中锻炼了意志，找寻到了真正的自我。

其实成功的人生就是一个不断找寻自我的过程，因为很多人在年轻的时候都拥有很美好的理想。但因为各种原因，这些拥有理想的人不断地掉队、迷路，这时，只有那些能重新返回原来道路上的人才能够成为真正的成功者。

磨炼是人生的压力，但同时也是动力，因为它在让人沉沦的同时，也让那些坚强的人更加清醒。因此一个人在迈向成功的过程中，是需要不断磨炼自己的。

鹰是世界上寿命最长的鸟类，可达 70 岁。要活那么长的时间，它在"中年"的时候必须做出一项困难的决定。这时，它的喙变得又长又弯，几乎碰到胸脯；它的爪子开始老化，无法有效地捕捉猎物；它的羽毛长得又浓又厚，翅膀变得十分沉重，飞翔起来十分吃力。此时的鹰只有两种选择：要么等死，要么蜕变。

蜕变是一个极其痛苦的过程。鹰首先用它的喙击打岩石，直到其完全脱落，然后用新长出的喙，把爪子上老化的趾甲一根一根拔掉。当新的趾甲长出来后，鹰便用新的趾甲把身上的羽毛一根一根拔掉，以便新的羽毛可以长出来，使其再次翱翔。

将其自己原本引以为傲的利爪一根根拔掉，哪怕鲜血一滴滴洒落，这需要多么大的决心和毅力。这是一次全面的自我磨炼，是对于美好事物或者说再次重生的勇敢而无畏的追求，是将自己引入成功的道路上必须经历的痛苦。

我们也看到，古往今来有很多平庸者，他们的智慧不可谓不高，志向不可谓不大，但最终却沦为平庸，这是为什么呢？就是因为他们没有看到经历磨炼的重要性。

王阳明的弟子陈惟濬问他这样一个问题："在静坐思考时，就能感觉到此心正在收敛。但若有事情发生就会间断，马上就起个念头到所遇的事上去省察。待事情过去后回头寻找原来的功夫，依然觉得有内外之分，始终不能打成一片，这是什么原因？"

王阳明说："这是因为对格物的理解还不够深刻。心怎会有内外？正如你现在在这里讨论，岂会还有一个心在里面照管着？一心听讲的心和说话的心就是静坐时的心。功夫是一贯的，哪里需要另起一个念头？人必须在事上磨炼，在事上用功才会有帮助。若只爱静，遇事就会慌乱，始终不会进步。静时的功夫，表面看是收敛，实际上却是放纵沉沦。"

上面的一番对话，王阳明是以委婉的语气批评自己的学生，只重视思考，而忽略了历练。在今天，我们没有王阳明这样的好老师，但我们却能够自己当自己的老师；没有王阳明的督促，我们却可以督促自己在磨炼中成长自己。

❖ 跟王阳明学心学智慧

如果总是喜欢故步自封、自怨自艾，不敢接受人生的磨炼，那么你就只能在人生的道路上原地踏步，丝毫不会有进步。

第五辑
品行端正，良知在心可做圣人

王阳明认为，良知就是指的德性之知，是说道德品格。“世之君子，惟务致其良知，则自能公是非，同好恶，视人犹己，视国犹家，而以天地万物业体，求天下无治，不可得矣。”在王阳明看来，人只有“致良知”才能做到“公是非，同好恶，视人犹己，视国犹家”，从而达到天下大治。所以，致良知、塑品德应该是一个人修心的最大追求。

品德是修心的最大追求

儒家强调道德修养的重要性。孔子就认为君子应“志于道”，做到“行己有耻”；儒家认为“有德者必有言，有言者不必有德”，还强调言行一致，坚持“君子耻其言而过其行”。

什么是良知？王阳明在《传习录·答陆原静书》里说：“良知者，心之本体者也。心之本体，无起无不起，虽妄念之发，而良知未尝不在。”

这话虽然说得玄妙，但从《传习录》里我们可以知道，孝佛礼智信就是最简单的良知。

据说，王阳明夜间捉了一个入室偷窃的贼人。他对贼人讲了一番良知的道理，谁知，窃贼却大笑，反问他的良知在哪里。正值酷署，王阳明就请窃贼把衣服脱掉，窃贼犹豫了。王阳明说：“这就是你的良知。”

其实，这里说的良知就是做人做事的道德底线。一个人有了良知，又能按照良知的标准去做事情，那就是一个君子，德行高尚。

春秋时期晋国的大夫祁奚年老请退，晋侯公就问他谁可接任。祁奚就推荐了他的仇人解狐。他推荐了解狐。悼公问：“他不是您的仇人吗？”他说：“主公问我谁合适接替我的职务，并没有问谁是我的仇人哪！”解狐未上任就死了，悼公又征求他的意见，他推荐了祁午。悼公问：“祁午不是您的儿子吗？”他说：“主公问谁合适接替我的职务，并没有问谁是我的儿子啊！”不久，中军尉的副手羊舌职死了，他又向悼公推荐了羊舌职的儿子羊舌赤继任。结果，祁午、羊舌赤干得都很好。当时人们都很佩服祁奚，说他“外举不避仇，内举不避亲”。

所以，史书用“没有偏爱，没有结党，王道坦坦荡荡，会正无私”这句话来形容祁奚是再合适不过的。

古人一言一行，必思合乎道而顺乎德。遗憾的是，今天我们的良知却常常被物欲蒙蔽。虽然人们都拥有良知这个本体，但是不修习提升，非但成就不了我们的德行，甚至会为恶。在王阳明看来，一个人若“只为私欲窒塞，则渊之本体失了”。而化解的唯一方法就是“致良知”，按照良知道德的标准行事。

很多人可能会说良知“纯粹至善，不虑而知”，只要随着本心发动，我们自然就是善的，德行自然就是高的。道理没错。但是我们却把“致良知”、“塑道德”想得太简单了。“致良知”一定要“行”，不是说你知道偷窃不对，就已经叫致良知了；而是说，即便我们当下饥寒交迫，仍然秉持着道德的要求，不去偷窃，才是真正的“致良知”。人必须在关键选择时，遵循本心而不放纵自己，做到本心所要求的事情，那才叫真正有品德。

王阳明曾经说，自己平生所教，只有“致良知”三字。他的“四句教”后两句说：“知善知恶是良知，为善去恶是格物”。这里他言简意赅地表述了“行”的要义。放在当下，这些话仍具有现实意义。

其实，修心养德，并不是一次性“致良知”。致良知需要人们不间断地在事物上历练，去正心。

大树必须从树根培育，修心成为君子必须以培养道德为重。王阳明在《传习录》中要求我们要守住心性，加强道德的自我修养。这如同种树，要砍去杂乱的枝杈一样。如此修身养心，专一悟道，我们终能有所成就。

❖ 跟王阳明学心学智慧

当我们遇到与良知相背离的事情时，我们更要放弃恶。当我们的“致良知”实践得多了，就能摆脱私利的干扰，拂去心灵上的尘土，成为“明镜”，成为君子。

不为行善而行善

人生有善的一面，亦有恶的一面。我们内心的精神法则和社会伦理是教人虔心向善，然而种种现实弊端又让一部分人终生为恶。于是，善与恶常在道德法庭中争论不下，也常在人的心中摇摆不定。有人信了佛家之言，便去刻意行善，不擅杀生灵，不窃人财物，然而却依然修不成正果；有人虽一度作恶，但是从恶中窥见了自己的丑陋，经过千般悔改终于修得一颗善心。那么，善恶之分，究竟是体现在行为上，还是源自于内心最真实的一种需要呢？

关于为善与为恶这个话题，王阳明曾说过："然不知心之本体原无一物，一向着意去好善恶恶，便有多了这分意思，便不是廓然大公。《尚书》所谓'无有作好作恶'，方是本体。"这段话的意思是：要是不懂得心的本体原本无一物，一直执著于去为善除恶，就又多了一份做作的意思，便不是豁然大公了。《尚书》中所说的"不凭自己的好恶行事"，这才是心的根本所在。行善事，往往身后总是有许多非议，这是因为行善的时候一定会大张旗鼓，生怕别人不知道，这是一种刻意为善的行为，会让人觉得他行善的目的是为了宣传自己，因此遭到很多人的反对。

在王阳明的心学体系中，良知被称为心的本体，也是人性中最纯净的一面的展示。因此在他看来，无论是善人还是恶人，他们都是存在良知的，所以圣人和普通人之间的区别，绝不在于他们有没有良知，而是在于他们的良知是否被物欲所蒙蔽，这个蒙蔽的深浅程度将决定着他们良知的觉醒程度。也就是说，良知本身是没有善恶之别的，它的原始状态是洁净无瑕的，只是当一个人进入社会之后，慢慢地被外界因素所熏染，结果就会十分功利地驱使他们在这个世界上作出善念或者恶念的事情，在他们日常的行为中就会贯穿着有意做善事或者有意做坏事的念头。

清代蒲松龄曾经说过一句话："有心为善，虽善不赏。"显然，蒲松龄和王阳明的观点一致，都认为即使是在外界看来是善行的行为，如果是有意识地去做，那就不应该得到嘉奖。因为这种心理本身源自于一种为行善才行善的意识，不是出自于内心的。即使那些信奉佛教而虔心向善的人，通常也都是期待自己最终升天成佛，所以也不应该受到过多的称赞和美誉。可见，这个世界上只有源于内心本性的善才能称为真善，其余的都是伪善。

关于为善，蒲松龄在《聊斋•黎氏》中讲述了这样一个故事：

一个叫谢生的人娶了一个狼妖，名叫黎氏。在黎氏刚刚被娶进家门的时候，非常勤劳能干，孩子有衣服破了她就认真地缝补好，每日干活常常到天黑，十分辛苦，所以无论是家人还是外人，都觉得她是一个勤劳、温柔的贤妻良母。

事实上，黎氏的这种行为只是为了让丈夫谢生放松警惕，为自己吃掉谢生的儿女作准备罢了。因此，那些表演性质太强的行善，其背后往往都有着不可告人的目的。

关于为恶，蒲松龄在《聊斋•莲香》中又讲述了一个相对的故事：

一个名叫李氏的女鬼和一个名叫桑生的男人相爱，然而由于女鬼身上所带的淫秽之气让桑生身染重病。但是因为李氏并不是想谋害他，属于"无心为恶"，因此这种淫秽之气最终慢慢散去，而她也没有受到任何惩罚，并由于她真心悔改让桑生起死回生，两个人最终结为夫妻。

《聊斋》虽然讲述的是世间并不存在的故事，但是其中的道理和现实社会都是相通的。无论是人还是鬼妖，如果将善和恶当做一种刻意的行为，结果和无心为善为恶一定是有着巨大的差别的。

王阳明曾经说过："这一念不但是私念，便好的念头亦着不得些子。如眼中仿写金玉屑，眼亦开不得了。"这句话的意思就是：每一个人的心体上都不能够残留任何的杂念，这个念头不单是那些恶的念头，就是好的念头也不能够存在，哪怕是你的眼睛进入了一些金玉屑也同样会看不清东西。王阳明通过这个精妙的比喻来劝告人们要保养自己的良知，不让它被物欲所沾染。

一个人有意识地去做好人好事的时候，在心里会产生一种很微妙的想法；你会充分感觉到自己在做一件好事，而这件好事实际上是受到社会准则允许和褒扬的，这也就意味着你期盼着得到别人的认可。时间一长，这种想法就会变成一种想要得到回报的念头。

❖ 跟王阳明学心学智慧

就生命的本质来说，无论善或恶都不应该成为打扰内心的一种障碍，应该顺其自然地做事，从而让内心保持一片洁净与祥和。

始终保持慎独之心

登山者不要被沿途的风景所吸引，否则无法看到山顶上美丽的日出；沙漠中的绿洲只是一个补充水源的驿站，如果驻足不前，那么永远走不出沙漠。人生之路漫漫，面对各种各样的诱惑，我们要保持一颗慎独的心，不被路边的美景迷眼，不被靡靡之音乱耳，只有这样，我们才能走得更远。

保持一颗慎独之心对于人生有着重要的意义，王阳明也是这样认为的。他说："除了人情事变，则无事矣。喜怒哀乐非人情乎？自视听言动，以至富贵贫贱、患难死生，皆事变也。事变亦只在人情里，其要只在致中和，致中和只在谨独。"这段话的意思是：人除了人情事变外，也就没有其他事了。喜怒哀乐难道不是"人情"？从视、听、言、动，直到富贵、贫贱、患难、生死，都是所谓的"事变"，事变也表现在人情上，它的关键要点就是"致中和"，而"致中和"的关键在于"慎独"。所谓慎独，就是在独处中谨慎不苟。这个很值得玩味的经典词汇出自《礼记·大学》中的"此谓诚于中，形于外，故君子必慎其独也"。《大学》一书对慎独这个词进行了比较精确的诠释：一个真正的君子，应该内外兼修，不要做自欺欺人的事情，对于丑恶的事情要尽量地避开，对于美好的事物要积极地争取。反之，如果一个人在失去了外界监督的情况下什么事情都敢做，那肯定是一个伪君子。

慎独是儒家思想的一个重要概念，按照"儒风五行"的规定，它是五种"形于内"的"德之行"。从心学的角度来看，慎独是一种超越仁义礼智圣之外的形成于内心的一种独特的状态，这种状态舍弃了仁义礼智圣在形式上的各种标签和属性，而是将其当做为一个有机的整体共存共生，让它们在内心世界中实现了"大一统"。如果把慎独表现出一种"行为症状"的话，那么它就是内心的一种专注和专一，或者说，是指一个人内心深处对"德之行"的修炼层次和状态。

1506年，正直的王阳明因为反对权宦刘瑾，被贬至贵州龙场。明朝时期，龙场是一个封闭落后的近乎于原始部落的地方。可是，即便在这个与世隔绝、无人监管的地方，王阳明还是一如既往地以圣人的标准去要求自己，没有自甘堕落。他在《初至龙场无所止结草庵居之》中写道："缅怀黄唐化，略称茅茨迹。"

王阳明借这句话想要表达的意思是：以前的尧舜都曾住过茅草棚，但是他们并没有变成一个纯粹的野蛮人，而是追求音乐，仍然讲究礼仪，就像生活在文明世界中一样。

正是因为时刻保持着一颗慎独之心，王阳明才能在简陋的环境里静下心来做学问，因此才有了著名的"龙场悟道"；王阳明认为心（心即理）是万事万物的根本，世界上的一切都是心的产物，"圣人之道，吾性自足，向之求理于事物者误也"，能否保持一颗慎独之心反映了一个人道德水平的修养程度，也反映了一个人品行的操守境界。王阳明之所以能够十年如一日地研究心学，是因为他时刻保持"慎独"之心，这样他才能不被外物干扰，保持着平和的心态。

社会上有些人在人前表现得道德高尚，人后却卑鄙无耻，这是因为没有一颗慎独之心的缘故，我们每个人都应该努力做到慎独，时刻注意清理思想深处隐而不显的不健康因素，反省在微小的事情上暴露出来的错误观念、不要拒绝慎独，不要放任自流，因为人的本性缺乏束缚就如同脱缰的野马，撒欢之后再想收拢回来就会显得千难万难了。

❖ 跟王阳明学心学智慧

我们要时刻保持着一颗慎独之心，在寂寞中磨砺自我，在寂寞中成就事业，逐步把自己培养成一个道德高尚的人。

凡夫也能做圣贤

王阳明早年习儒，在禅学上也有很深的造诣。他的一生经历了许多波折，在艰难困境中顿悟儒道之简易博大，"沛然若决江河而放诸海也，然后叹圣人之道坦如大路"，因此而创心学一派。王阳明把心学浓缩为四句话：

“无善无恶心之体，有善有恶意之动。知善知恶是良知，为善去恶是格物。”他认为良知是心之本体，无善无恶就是没有私心物欲遮蔽的心，是天理。在未发之中，是无善无恶的，也是我们追求的境界，它是“未发之中”，不可以善恶分，故无善无恶。当人们产生意念活动的时候，把这种意念加在事物上，这种意念就有了好恶、善恶的差别，可以说是“已发”，事物就有中和不中，即符合天理和不符合天理，中者善，不中者恶；良知虽然无善无恶，但却自在地知善知恶，这是知的本体；一切学问、修养归结到一点，就是要为善去恶，即以良知为标准，按照自己的良知去行动。

王阳明所说的“良知”，究其来源，就是孟子所说的“人之所不学而能者，其良能也，所不虑而知者，其良知也。孩提之童，无不知爱其亲也。及其长也，无不知敬其兄也。亲亲仁也，敬长义也。无他，达之天下也。”(《孟子，尽心篇》)——从这个方面看来，良知便是一种先天的知识，良能便是一种先天的能力，它们都是人本来就有的“内在的道德性”，其本源都是人心。

人人习性不同如同其面，本性则相同相通人人平等，士农工商，良知无异，都可以成德成圣。王阳明说：“天地虽大，但有一念向善，心存良知，虽凡夫俗子，皆可为圣贤。”在王阳明的《咏良知四首示诸生》诗中，第一首便点出了“良知”的精髓：“个个人心有仲尼，自将闻见苦遮迷。而今指与真面目，只是良知更莫疑。”

其意是说，每个人心里都有良知，不比孔子多一点，也不少一点。因为良知本是天生，不用学习和思考，自然而得，大家不多不少，只有“灵丹一粒”。那么，为什么孔子是大圣人，而大家只是凡人呢？因为孔子体悟了自己的良知，而大家还处于蒙混状态，将“灵丹”遗弃在物欲的垃圾堆中。

王阳明这一说法与佛家认为“凡圣不二”意思相同，“佛是已悟的凡人，凡人是未悟的佛”，佛性人人本具，不生不灭、不垢不净、不减不增，不同之处只在一个悟字上。作为“先觉”者，其义务是帮助未悟者觉悟成圣，帮助的方法，并非是将“良知”灌输给他人，引导他人发现自己的“良知”。

一天，了空禅师在外弘法，途经一条山路，被土匪打劫。了空禅师看着土匪们，扑簌簌地掉下了眼泪。

匪徒们哈哈大笑说：“你真是一个胆小的和尚！”

了空禅师说：“我不是因为害怕才流泪，对于生死，我早就不放在心上了。”

“那你为什么流泪呢？”匪徒们好奇地问。

了空禅师说：“你们年轻力壮，非但不为社会贡献，却在此拦路劫财危害社会，想到你们所犯的罪过，不仅遭人唾弃，国法难容，将来还要堕入阿鼻地狱，遭受苦难。我是为你们难过才流泪啊！”

匪徒们听了，感动之余，竟然抛下贪婪之心，皈依到了空禅师门下，从此变成了虔诚的修行人，心性与行为也与往日大不相同。

了空禅师引导匪徒发现自己的“良知”而让其向善，同理，孔子引导“鄙夫”的方法，不是将良知像传授知识一样传授给对方，只是以没有丝毫偏见的平等心，引导对方反观自心，发现心中本有的“矿藏”。

王阳明说：“良知之在人心，无间于圣愚，天下古今之所同也。”也就是说，无论是圣人还是俗人，古人还是今人，都根源于同一个良知，心之本体，本来就没什么分别。我们只要识得自己的良知，也就继承了古圣人的仁心。

良知如同一座智慧的宝库，一向被认为是有圣人在保管。我们后人拼命翻账簿，以期能破解开启宝库的密码。有一天，我们发现自己原来与圣人共同享有着开启宝库的钥匙，我们还需要漫无目标地去寻找吗？

❖ 跟王阳明学心学智慧

以智者为师很重要，因为智者可以为你指点路径，帮你指出“宝库”所在，让你更快地领悟“良知”之妙！

君子当养浩然正气

俗话说：“身有正气，不言自威。”我们处于龙蛇混杂的社会中，必须树立正气，必须有正义感。有了一腔浩然正气，才能无所畏惧地前进，才能不屈不挠地建功立业。

弟子问王阳明：“很少有人夜里不怕鬼，是怎么回事呢？”

王阳明回答说：“是因为他平时的行为不合于道义，内心有所愧疚，所以会怕。若他平日的行为合乎道义，是不会害怕的。”

王阳明奉旨前往广西平乱，到了之后，他了解到汉族官兵与少数民族之间的矛盾是引起当地少数民族起义的原因，王阳明认为如果以武力进行压迫，可能会使双方的矛盾越积越深，这样冤冤相报何时才能结束？于是，王阳明开始寻找机会。

这个时候，王阳明获知反抗首领哈吉的母亲卧病在床，就赶紧派跟随自己的医生去给哈吉的母亲看病。不出几日，在医生的治疗下，哈吉的母亲能够下床走路了。但是出于双方是敌对关系，哈吉并没有过多的表示感谢。之后，哈吉从医生的口中听说了王阳明为人，而且得知用来医治母亲病的药都是王阳明自己本人所必需的。王阳明在哈吉心中的好印象大为加深。

随后，王阳明写了一封信给哈吉，实事求是而又诚恳谦虚地劝哈吉要从大局出发，和睦相处为妙。哈吉早已被王阳明高尚的人格所折服，这封信正好说到了他的心坎里。就这样，王阳明未用一兵一卒，只是晓之以理，动之以情，便顺利解决了叛乱问题。

孟子说养气修心之道，虽爱好其事，但一曝十寒，不能专一修养，只能算是知道有此一善而已；必须在自己的身心上有了效验，才算有了证验的信息；进而由“充实之谓美”直到“圣而不可知之谓神”，才算是“吾善养吾浩然之气”的成功。

何为浩然正气？王阳明说：“一谓至大至刚的昂扬正气，二谓以天下为己任、担当道义、无所畏惧的勇气，三谓君子挺立于天地之间无所偏私的光明磊落之气。”可见，浩然正气便是由这昂扬正气、大无畏的勇气以及光明磊落之气所构成。有些人表面上很魁伟，但与之相处久了就觉得他猥琐不堪；有些人毫不起眼，默默无闻，却能让人在他的平淡中领略到山高海深的浩然正气。正是因为后者具有正直如山的品质，才能让人感受到他的一身正气。

古今之成大事者，心中都有大气象。正是“笑览风云动，睥脱大国轻”，“俯仰天地之气概”，“力拔山兮气盖世”，这就是浩然正气。

当然，养浩然正气并非易事。《孟子》中有言。镇集义所生者，非义袭而取之也。在孟子看来，浩然正气是正义的念头日积月累所产生的，不是一时的正义行为就能得到的。关于“集义”，王阳明认为做每一件事都应符合良知的要求，这样才能将心中的浩然之气壮大起来，再遇到其他事情就更能以良知为指导，从而达到“从心所欲不逾”的中庸境界。浩然正气是人的精神“脊梁”，是抵御歪风邪气的“屏障”。正气长存，则邪气却步，歪风止歇、正气长存，则清风浩荡，乾坤朗朗。由此可见，要养浩然正气，就要做正直之人，诚实地对待生活中的每一件小事，日积月累，不断壮大。

❖ 跟王阳明学心学智慧

要保持浩然正气，就必须“一日三省吾身”，做到自重、自省、自警、自励，时时处处以激浊扬清、弘扬正气为己任，使正气日盛，邪气渐消，引领整个社会不断走向正义和文明，这才是王阳明所欣赏的君子之道。

真诚做人，诚信立德

子张问如何才能使自己到处都能行得通。孔子说：“说话要忠诚可信，行事要敦厚恭敬，即使到了遥远的边荒地区，也可以行得通。如果说话不忠信，行事不笃敬，就是在本乡本里，能行得通吗？站着，仿佛看到‘忠信笃敬’这几个字显现在面前；坐车，就好像看到这几个字刻在车辕木上，这样才能使自己到处行得通。”

王阳明对孔子的话是这样解释的，即一个人说话有信用，行为很诚恳，哪怕在蒙昧辽远的地方也能顺利自由地行动；反之，即使在自己熟悉的家乡，也会处处难行其道。大师在这里还指出：真诚是打开这个世界的一把金钥匙，你可能是一个一文不名的穷人，你可能一再地跌倒，至今仍然没有功成名就，但这些都不重要，重要的是如果你拥有了真诚，就不会有人不尊重你。

众所周知，诚信自古以来被认为“为人”、“处事”之本。一个人如果不讲信用，他就会受到人们的藐视。言行要一致是做人立身之本。一个人只有“言必行，行必果”才能获得别人和社会的信任。

《小畜卦》上说："风行天上，小畜。君子以懿文德。"意思是说，"无以诚不能定天下，无以信不能服天下"。经商做买卖若要成功应该诚信；为人处世要得到别人的信赖与欣赏也要同样做到诚信。很显然，诚信是君子立德之基。

王阳明说，只要人们能够胸怀诚信之心，便能排除万难、逢凶化吉。这个观点同孔子的观点是一脉相乘的。孔子的"言忠信，行笃敬，虽蛮貊之邦，行矣；言不忠信，行不笃敬，虽州里，行乎哉"讲的就是一个人说话要有信用。

事实又何尝不是如此呢？无论是古代还是现代，诚信都是生活常识。统治者与百姓之间如果盟约信用，就不会朝令夕改；国与国之间如果没有诚信，发重誓订下的盟约，回头就会变成一张废纸。所以，诚信问题就是生存问题。

诚信无价。虽然一时的坦诚可能会损失眼前的利益，但换来的却是比金钱更重要的信任，收获的是长远的利益。

远在公元前四世纪的意大利，有一个名叫皮斯阿司的年轻人无意中触犯了国王，被判处了绞刑，选定了一个法定的日子要被无辜处死。

皮斯阿司是个孝子，在临死之前，他恳请国王能够允许他与远在百里之外的老母亲见上最后一面。国王感其诚孝，决定让皮斯阿司回家与母亲相见，但给他提了一个条件，那就是皮斯阿司必须找到一个人来替他坐牢，倘若他不回来的话，替他坐牢的人就要代替他被绞死。

这近乎是一个不可能实现的条件。有谁肯冒着被绞杀的危险替他坐牢呢？这岂不是自寻死路？然而，却真的有人却不怕死，而且真的愿意替皮斯阿司坐牢，他就是皮斯阿司的朋友达蒙。

达蒙住进牢房以后，皮斯阿司回家与母亲诀别。人们都静静地看着事态的发展。眼看刑期在即，皮斯阿司也没有回来的迹象。一时间人们议论纷纷，都说达蒙上了皮斯阿司的当。

行刑日是个雨天，当达蒙被押赴刑场之时，围观的人都在笑他的愚蠢，幸灾乐祸的也大有人在。但刑车上的达蒙，不但面无惧色，反而有一种慷慨赴死的豪情。追魂炮被点燃了，绞索也已经挂在达蒙的脖子上。有胆小的人吓得紧闭了双眼，他们在内心深处为达蒙深深地惋惜，并痛恨那个出卖朋友的小人皮斯阿司。

就在吊索即将被拉起，人们听到了从雨声中传来的呼喊："我回来了，我回来了！等一等，不要杀我的朋友！"

人们在惊诧中回过神来，只见皮斯阿司从远处飞快地奔跑过来，一边跑一边挥舞着手臂，同时大声喊着。

这个令所有人感动的消息，像雨声中的呼喊一样，很快传进了王宫，传到了国王的耳朵里。国王似乎不敢相信。他亲自来到刑场，召见皮斯阿司和达蒙，确认之后大为感动，当场赦免了他们的死罪，并给予丰厚的赏赐。

诚信就是诚实、守信用、重承诺、负责任。诚信是"为人"、"处事"之本。一个人如果不讲信用，那么人与人之间就无法正常交往乃至沟通，整个社会也将无法维持正常的秩序，他就会受到人们的藐视；一个企业如果不讲诚信就会使企业蒙损，严重时可能影响到企业的生存和发展。

上面的这个小故事就非常好的验证了这个道理：在艰难困顿之中，如果确实能够做到守诺诚信、信念坚定、内心诚实，就能看到光明，使人们能够跨越艰难险阻，走出困境。

诚实守信，总是围绕着每一个人，事事都需要讲诚实守信，可有多少人能做到这一点呢？背信弃义与讲信用就像是一对孪生兄弟，他们穿越历史长河，直到今天，依然与人类同在。

❖ 跟王阳明学心学智慧

市场经济的今天，背信弃义与讲信用的矛盾越发突出，而前者还大有占上风的势头。面对这样的形势，是不是应该大书特书圣人的"人而无信，不知其可也"、"诚以立身，信以处世"呢？

修名不如去修德

王阳明说："多省前言往行，以畜其德。"这句话事实上就是告诉我们，生活中我们要多学习前贤圣人的言行，并以此来修养自己的德行。

但在王阳明看来，事实却并非如此。自古至今，许多人往往更喜欢追名逐利，而不去积攒德行。历史上许多大的灾祸，就是由此而引发的，正所谓"修名不如修德"，修名者往往身败名裂，而修德者则可以独善其身。

王阳明的话一点儿不假，唐朝大将郭子仪就是一个很好的例子。

郭子仪是唐朝战功赫赫的大将，他带兵平定安史之乱，击退吐蕃的入侵，在朝野有很高的威望。而奸臣鱼朝恩却嫉恨郭子仪的功劳，多次向皇帝进谗，百般诋毁他。

郭子仪面对诬陷，却是心平气和，没有一点怨愤的样子。他手下的将士认为他懦弱，对他说："将军手握重兵，功高无比，如果不惩治那些小人，他们会更肆无忌惮了。只要您一声令下，我们就会杀了那些朝中小人，绝不连累将军。"

郭子仪制止了他们，说："现在国家有难，我又担任军中统帅，责任重大。倘若随便发怒，和奸小相抗，敌人就会有机可乘了。自古就有忠有奸，我不能因为私怨而坏了国家大事啊，请你们明白我的苦心。"

郭子仪高风亮节，鱼朝恩却认为他软弱可欺，他对自己的死党说："郭子仪不过是个武夫，他只会行军打仗，哪里懂得什么权谋？他现在不敢喊冤叫屈分明是怕了，只要再加把劲他就要完蛋了。"

一次，郭子仪小有失败，鱼朝恩便诬陷他用兵不利，结果朝廷夺了他的兵权，把他召回朝中，改任闲职。人们为他感到不平，郭子仪反倒安慰众人说："我出征在外多年，回朝正好可以歇息调养，这并不是件坏事，你们应该为我高兴才是啊！"

郭子仪的儿子心中愤怒，他对父亲说："奸人变本加厉，现在父亲的兵权也没有了，难道父亲还要忍吗？父亲如果当初和他们对着干，就不会落到这步田地。"？

郭子仪教训儿子说："我身为统帅，皇上总是放心不下的。奸人害我，因为奸人深受皇上的信任，他们这才敢对我下手。我若不加忍耐，事情只会更坏。他们苦苦相逼，就是让我走入他们的圈套啊！"

郭子仪猜想得一点不错，鱼朝恩等人就是想逼迫他抗争，他们好借机把郭子仪置于死地。郭子仪没有上当，从而躲过了大的劫难。

后来，鱼朝恩又派人挖了郭子仪的祖坟，郭子仪还是忍住了。鱼朝恩气急败坏，始终无法除掉他。

郭子仪修身避祸的故事在今天仍可警示世人：在现实生活中，不争名逐利，洁身自好、修养好自己的品德，这才是消灾避祸的良药。

❖ 跟王阳明学心学智慧

积攒名声只能招来小人们更多地忌妒，给他们更多攻击自己的借口；而积攒德行，则在修身的同时，不给小人们任何报复的机会，在无声无息间消灾避祸。

德为导向，才是基础

司马光在《资治通鉴》中指出"才者，德之资也；德者，才之帅也"。德为导向，才是基础；德靠才来发挥，才靠德来统帅。相对于才而言，德更为根本，正所谓："有德有才是正品，有德无才是次品，无德有才是废品，无德无才是毒品。"少德之人，纵有经纶满腹，也不能成大事。一个人如果有德有才，才有德御，就会充分为善，造福社会，成就事业。

高尚的品德与出众的才能，是获得成功的两个必备条件。儒家圣贤们十分看重人的品德，认为品德比才能更重要。孔子在《论语 · 述而》中说道："如有周公之才之美，使骄且吝，其余不足观也。"孔子认为，即使有周公那样的才能和那样美好的资质，一旦骄傲吝啬，其余的一切也就都不值一提了。如果一个人才高八斗而品德不好，那么圣人连看也不会看他一眼。只有德才兼备，以德育才，才是真正的人才。当德与才不可兼得时，当舍才而取德，正如孟子“舍生而取义者也”。

王阳明有关“致良知”的观点，就能够看出他教育的目标。心学推崇“心即理”的思想，“致良知”在这一基础上是可能的，也是必要的。王阳明认为，世上的君子，只要专心于修养自身品德，那么自然能够公正地辨别是非好恶，像对待自己那样对待他人，将国事等同家事一样关心，把天地万物看做一个整体，从而求得天下的大治。因此，“致良知”不仅是为学之道，更是育人之道，重在育人之德，“道德”或“良知”等精神品质蕴涵于经典之中，对人的自身修养有着与之相应的陶冶价值。

唐朝汝州有个叫夏子胜的人，十年寒窗苦读，一朝高中，被皇帝授予南县县令。这日，夏子胜携一家仆赴任，来到县衙，大小县吏已在门口等候多时，见新县令到来，一个个急忙迎上去。夏县令问他们去年南县老百姓生活如何，粮食是否丰收，商贾是否安分行商，官粮是否收齐，赋税是否完成，然后叫来师爷将县吏们所说记录在册，逐一核对账薄。几天后，师爷对夏县令说，一切都如县吏所言，去年南县一切安好。听完汇报，夏子胜点点头。

在南县县吏们的眼里，这个新来的县令与以往的县官老爷大有不同，除了处理诉讼官司时会开口说话外，平时听不到他说一句话。不过话虽然很少，但是做的事情却极为合乎规范，往来公文，刑罚办差，无论是上司还是下面的老百姓，都称赞夏县令做事稳当，是个好官。

这些官吏们十分不解，这个不爱说话的老爷到底是怎么一个人。一天，有个胆大的县吏将这一疑问向夏子胜提了出来，夏子胜听后，呵呵一笑，说道：“圣人行道，心正而行端，做官做民都是一个道理，为官之道在于教民养民，为人之道贵在德行，明白了这其中的道理，做起事情来就不会有偏颇，如此，又何必说那么多的话呢？”

我们可以将这位南县县令的话理解为对“执事敬”的最好注解，事实上，一如这位县令说的那样，行圣人之道又何必多言，“良知”是心灵净化、涵养提升的必然结果。由此，对人忠信而不诡诈，与人交往而不奸猾，堂堂正正做人，端端正正做事，与此相对，再多的话都不过是水中倒影，没有实际意义。

在现实生活中，我们会遇到这样两种品质不好的人；一种是品质不好、能力也不强的人，这种人因其能力有限，对他人和社会造成的危害不会太大；另一种则是品质败坏但才思敏捷、能力出众的人，这种人更容易寻捷径上位，一旦得势，将会对反对他的人或社会集团造成巨大的危害，甚至达到一发不可收拾的程度。不可否认，没有灵魂的头脑，没有德行的知识，没有仁善的聪明，固然是一种强大的力量，但它们只能起负面的破坏作用。也许偶尔会给人们一些启发，或者带来一些乐趣，但却很难赢得人们的尊敬与发自内心的赞叹。反之，品德高尚的人，即便能力有所不及，也会虚心好学，不断提高自己，通过脚踏实地的努力奋斗来获得成功。当然，不能因此而走向另一个极端：忽略人的才能，一味强调道德修养。不懂得尊重知识、尊重人才的人，何谈培养自己的道德品质！

历史的经验告诉我们，无论做人还是做事，都要以德为先，就好像王阳明告诉弟子的话：良知在人心，随你如何，也不能泯灭。

❖ 跟王阳明学心学智慧

德行是我们行走人生的前提，而才能是我们创造人生的手段。做到德才兼备，才能使我们的人生绚烂多姿！

君子好德如好色

子曰：“吾未见好德如好色者也。”好德如好色是王阳明最爱举的例子，孔子说从来没有见过好德如好色之人，王阳明则期望人们能像喜欢漂亮的姑娘那样追求美德，将美德作为人类一种本性的东西自然而然地表现出来。

人们天生就喜欢美好的事物，可见“好色”是出于本性，而“好德”则源于自律。本性的“好色“不会有所变化，而自律的“好德”却需要主观的坚持，不懈的修养。要以“好色”的高度要求自己去“好德气才算做到修身的第一步。

很多人一听到“色”就会联想到一些不好的方面。其实，“好色”是人的本性，不必视之为万恶之源。从文献记载可知，“好色”一词并非贬义词，只是到了近代，随着社会文化现象的转变而发生了语义上的偏离。孟子曾说："人少则慕父母，知好色则慕少艾，有妻子则慕妻子，仕则慕君，不得于君则热衷。"意思是人在年幼时爱慕父母，成年之后爱慕少女，有了妻子则爱慕妻子，走上仕途为官则忠于君主。孔子言"好德如好色"，也就是肯定了"好色"是人们应该有的行为倾向。

既然"好色"是人之本性，其所固有的不以外界条件为转移的特性，正是好德之人应该努力做到的。要做到"好德如好色"，就必须将美好的品德根植于心，才能使之如人之本性那样自然地流露出来。否则，仅仅囿于思想中的品德，就算再美好，也无法影响我们的行为，无法使我们成为真正具备美好品德的人。

明朝的时候，有个农人一年四季辛苦耕作，每年都能获得丰收，因为这个，在这个农人生活的村子里，很多人一天只能吃两顿饭，而他家却能顿顿饱餐，这让村里人很是羡慕。

因为家有余粮，农人用一部分粗食当做学费，让自己的儿子上了私塾。这以后，老农见到谁都显得非常开心，经常对村里人说："人活一世，不就是吃饭养家识字，做个好人嘛。现在这样我家都做得差不多了，以后你们有什么要我做的，尽管开口，乡里乡亲的，我一定帮忙。"

半年后，这个农人的兄弟家遭了灾，离家来投奔这个农人，农人让他的兄弟先住在年久失修的祖居，说过一阵子给他修个新房，然后再搬过去。他的兄弟听后很高兴，逢人便夸自己的兄长如何如何对自己好。为了表达感谢，农人的兄弟抢着干农活，无论做什么都很勤快，渐渐地，农人自己不动手了，家里有什么事都让他的兄弟去做。

就这样三个月过去了，这个农人说的新屋迟迟不见动静，他的兄弟有些等不及了，思来想去，他硬着头皮跟农人提起了屋子的事情。听完自己兄弟的话，农人沉默了一会，对他说："这个事情啊，我还真给忘了，你放心，自家兄弟的事，我一定会说到做到的。"

第二天，农人的兄弟走在田埂上，有人问他房子造得怎么样了？他红着脸说不出话来，仿佛是自己做错了什么。当冬天来临之际，他还住在四处透风的祖居里，而他的兄长正在温暖的家中喝着自酿的米酒，次日一早，他没有跟农人打招呼，就离开了村子。

没多久，村里人便知道了这件事，他们在农人背后议论纷纷，有的人说："还说什么有事尽管向他开口，你看看，这种人，对自己兄弟都这样，我们还有什么好说的，我看还是离他远点吧。"从此以后，再也没有人理睬这个农人，甚至他们一家都成了全村唾弃的对象。

说好的做不到，实际上是心里根本没有想过要给自己的兄弟盖新房，行由心生，由此可见这个农人到底是怎样一个人。

儒家专注的是"内外皆美"的生命志趣，不念旧恶，君子怀德是美，居处恭，执事敬，与人忠是美，当仁不让更是一种美。这种美在王阳明看来，其实就是根植于内心的道德感使然，行动起于心智，倘若内心缺少道德的约束，只会说漂亮话，而无真行动，那么其行为可以说是"巧言令色，鲜矣仁"。

如果说，"好色"是一种在人内心天然生成的本能反应，那么，"好德"就是一种经过教化之后能够自然流露的理性反应。好德之人对美好品德的追求发自内心，自然能够在其言行举止中表现出来，并且不易受到外界因素的干扰。相反，那些只会将仁义道德挂在嘴边的人，一旦受到金钱权力的诱惑，则会把持不住，做出丧德败行之事。

王阳明的弟子日孚曾问他："程颐说'一草一木皆有理，不可不察'，您觉得这个看法如何？"王阳明说："我就没那闲工夫了。你应当先去涵养自己的性情，修养自己的品德，必须能够完全了解人性道德之后，才能了解世间万物的道理。"也就是说，人应该先在"好德"的本性上而不是其他无关的琐事上下工夫，促进人格的完善，提升自己，最终才能够自然地显示出美好的品德。

❖ 跟王阳明学心学智慧

真正的智者将道德修养作为人生最可靠的支柱。只要我们从现在开始将美好的品德根植于心，并将之付诸实践，像追求美好的人和美好的事物一样去追求它，就能做到孔子所说的"好德如好色"，那也就离成功的人生目标不远了。

待己待人拿出真诚

真诚在内心就是纯净无染，表现于外就是真实不虚、率真自然，如此，则自然心怀坦荡、正直无私。本杰明•富兰克林曾说过，一个人种下什么，就会收获什么。在人际交往中，能够真诚地待人，别人也会真诚地对待我们。真诚能够使我们广结善缘，使人生立于不败之地，能够缔造幸福美满的人生。

王阳明曾对弟子聂文蔚说："良知只是一个天理，良知的自然明白呈现就是真诚恻隐，这是它的本体。用致良知的真诚恻隐去侍奉父母便是孝，敬从兄长就是佛，辅佐君主就是忠。这一切都只是一个良知，一个真诚恻隐。"这段话的核心意思是：真诚地面对自己，面对他人。

著名翻译家傅雷说过："一个人只要真诚，总能打动人，即使人家一时不了解，日后也会了解的。我一生做事，总是第一坦白，第二坦白，第三还是坦白，绕圈子，躲躲闪闪，反易叫人疑心。你要手段，倒不如光明正大，实话实说。只要态度诚恳、谦卑恭敬，人家是不会对你怎么样的。"

所谓"精诚所至，金石为开"，假如我们没有诚意，就会什么事情也做不好，做不成。王阳明认为："唯天下之至诚，然后能立天下之大本"，在他看来，"诚"是一个非常重要的字。在谈到格物致知和诚意时，王阳明说："若以诚意为主，去用格物致知的工夫，即工夫始有下落，即为善去恶无非是诚意的事。"即必须要先有诚意，然后才能在事物上格致，否则就会无从下手，所以，在做任何事情时，都要讲究"诚"，而这个"诚"应是发自内心的真诚、坦白。

《论语 · 公冶长》中孔子说，一个人讲一些虚妄的、好听的话，脸上表现出好看的、讨人喜欢的面孔，看起来对人很恭敬的样子，但不是真心的。嘴上一套，背地里是另一套，这样的人就叫"两面三刀"；还有明明对人有仇怨，可是不把仇怨表示出来，暗暗放在心里，还和有怨恨的人故意套近乎，这种人用心是险恶的。

唐贞观初年，有人上书请求清除不忠的臣子。唐太宗问他说。“我所任用的都是贤臣，你知道哪个是奸邪的臣子吗？”那人回答说：“臣住在民间，不能确知哪个人是奸臣。请陛下假装发怒，以用来试验群臣，如果能不惧怕陛下的雷霆大怒，仍然直言进谏的，就是忠诚正直的人，如果顺随旨意，奉承你的就是奸邪的人。”

这个人的办法看来非常聪明，但是太宗对上书的人说：“流水的清浊，在于水源。国君是政令的发出者，就好比是水源，臣子百姓就好比是水。国君自身伪诈而要求臣子行为忠直，就好比水源混浊而希望流水清澈一样，这是不合道理的。我常常因魏武帝曹操为人诡诈而特别鄙视他，如果我也这样，怎么能教化百姓？我想在天下伸张信义，不想用伪诈的方法破坏社会风气。你的方法虽然很好，但我不能采用。”

不管对谁，我们都需诚心诚意地对待，这样才能够得别人的信任，而不是用一些看似聪明的手段来试探对方。因为一方面这样做有被识破的危险，如果被别人利用，趁机表现，只会让自己陷入被动、是非颠倒的境地；另一方面，当自己失去了诚意的时候，就不可能再要求别人真心实意了。

真诚是为人的根本。如果你是一个真诚的人，人们就会了解你、相信你，不论在什么情况下，人们都知道你不会掩饰、不会推托，都知道你说的是实话，都乐于同你接近，你因此也就容易获得好的人际关系。

❖ 跟王阳明学心学智慧

以真诚待人处事，能够架起信任的桥梁，消除猜疑、戒备的心理，能够成大事，立大本。

第六辑
心胸宽阔，忍耐包容没有敌手

在一些人的眼里，总觉得别人这也不是，那也不妥，他们似乎总为别人的过错或缺憾烦恼——他们喜欢斤斤计较，所以烦心不已。“能克己，方能成己”，在王阳明看来，宽容别人，就是宽容自己，给别人多一点的宽容，就是给自己多一点快乐空间。

烦恼都是自找的

每个人都会有烦恼，可是，烦恼的来源在哪呢？很多人都没有想过这个问题。王阳明说："人的弱点在于追求外在的假相，举凡虚名、虚利、虚荣、虚位……统统追求。因此，烦恼的现象就出现了。"

在王阳明的眼里，一个人的烦恼并不是外界给他带来的，而是他自己让自己烦恼。换句话说，人生的一切烦恼都是自找的。

有一次，白云禅师和师傅方会禅师对坐。方会问："听说你从前的师傅灵喻和尚大悟时说了一首诗，你还记得吗？"

白云答道："当然记得。那首诗是：我有明珠一颗，久被法牢关锁，一朝法尽光生，照破山河星朵。"白云的语气中含有几分得意。

方会听完大笑数声，一言不发地走了。

白云感到很奇怪，不知道师傅为什么笑。他心里感到很烦闷，整天都在想方会师傅的笑，却怎么也想不明白他大笑的原因。有一天晚上，他辗转反侧，难以入眠。

第二天，白云实在忍不住了，一大早就赶去问师傅，那天为什么大笑而去。方会禅师笑得更开心，对着因为失眠而眼眶发黑的弟子说："你会背那首诗有什么用呀，最后还是逃不脱'法牢关锁'而自寻烦恼。"白云听了，豁然开朗。

方会禅师一言不发地走了，其实并没有什么，白云禅师反而心生疑虑，烦恼了很久。

很多时候，别人的语气、眼神、手势，都可能搅扰我们的心，甚至使我们整天沉迷在愁烦中不得解脱。就像古人讲的那样：人生本无事，庸人自扰之。往往一句无意之中说出来的话，自找烦恼的人听了就对号入座，以为是在讽刺挖苦他，自己跟自己过不去，烦恼起来了。

圣严法师在《叮咛》一文中谈到："每个人都有烦恼，有烦恼就会折磨自己、折磨对方和家人。他们并没有想到要折磨人，只是因为自己心理上有矛盾、或身体上有困扰，遇到适应上的问题，就会对身边的人发泄，或有意无意地伤害他们。一句话，人生的烦恼来源于自身。"在现实中，有些人常常会这样去自寻烦恼：

一是把别人的问题揽到自己身上。如果你把别人的问题揽到自己身上而自怨自艾，把某些人不喜欢你的责任也统统归因于自己，不久，就会因此烦恼成疾。

二是做不可能实现的梦。对现实抱有不切实际，把自己的目标制定得高不可攀，这些人因为"得不到"而滋生烦恼。

三是盯着消极面。牢牢记住自己有多少次受到不公正的待遇，或者记着有多少次别人对自己说话的态度不友善。他们总会把注意力集中在那些不好的、吃亏的事情上，不断地用这些消极的思想来给自己制造烦恼。

四是制造隔阂。有些人绝不去赞扬别人，不使用任何鼓励之辞；相反，他们会喋喋不休地批评、挑刺、埋怨、小题大做。

五是滚雪球式地扩大事态。有些人在问题第一次出现时就不懂得正视问题，相反，这些人会让问题像滚雪球一样不断地扩大下去，最后滚雪球的人总是遵照一条简单的规则行事："如果错过了解决问题的时机，索性再往后拖拖。"这样，让问题变得更糟，从而导致这些人的忿怒和苦恼埋在心底几个月甚至几年。

我们不妨检查一下自己，看看自己的烦恼是不是来源于这五种情形。不难发现，人生的烦恼不外乎就是源于这五种心理或做法。

那么，面对人生的烦恼，在王阳明眼里该如何去消化呢？王阳明这样说："如果我们能够放下我执，不以自我为中心，任何事情都能看得开、看得淡、放得下，而且能够包容所有的人、所有的事，自然而然就不会有偏见，当然就没有烦恼了。"

❖ 跟王阳明学心学智慧

其实，很多烦恼往往都是自己造成的，或者说是自己在折磨自己。既然烦恼的根源就在于我们自己，那么，驱除人生的烦恼，只要改变自己内心，人生不就多些快乐么？

退一步会走得更远

俗话说，退一步海阔天空，忍一时风平浪静。在人际交往中，每个人都难免会有过失，如果能够给别人的过失以必要的宽容，那么他们就会对你感恩不尽，这有利于你更加圆融地处理人际关系。正所谓：给别人留路，等于给自己留路。

王阳明不仅是著名的哲学家，更是一名出色的军事家。王阳明的用兵之道往往与众不同，在别人认为应该进攻的时候，他却认为应该退守。宁王叛乱时期，朱宸濠久攻安庆不下，集结兵力的王阳明未采纳众人从背后攻击叛军的意见，坚持认为应该退而攻南昌。结果证明他的判断是对的，南昌城攻下之后，朱宸濠彻底失去了反击的根据地。

其实，王阳明的军事思想和用兵之道也适用于我们的生活。人生是一场华丽的舞会，聪明人往往自始至终保持着优雅奔放、进退自如的姿态。我们无论处于何时何地，都会遇到各种各样的人，都要与各种各样的人相交相处。

尝试在生活中换一种角度考虑问题，退一步，有时候是一种以退为进的策略，如果能够适时的以退为进的策略用于生活中，那么生活将会变得张弛有度，游刃有余，你便会得到“柳暗花明又一村”的释然。有时候，退一步，是为了更好前进，僵持的局面对大家都没有什么好处，在不违背自己原则的基础上，选择退让也就选择了人生的主动。因为这时候的你已经不再局限于眼前，而是着眼于未来。

早晨，一个穿着整整齐齐的小伙子，去隔壁村里迎娶他的新娘。当他正在过通往丈人家的独木桥时，眼看就到桥头的时候，迎面走上一位推独轮车的农夫，车上满是家禽。

小伙子不愿回头了，他向农夫道："大伯，你看，我就要到桥头了，能不能让我先过去。"

农夫把眼一瞪，说："凭什么让你先过？我要忙着去赶集呢，要是去晚了，我带的几只母鸡就卖不上好价钱了？"

小伙子说："我让的话，迎娶新娘就会晚了。"

于是，两人谁也不让谁，虽然两个人都很着急，但因为谁也不肯相让，都只有僵持在桥上。

过了许久，远处河面上漂来一只小船，船上坐着一个和尚。两人于是就请和尚为他们评理。

和尚听了事情的来龙去脉后，对农夫说："你要是真的急着赶集，为什么不尽快给小伙子让路呢？你只要退那么几步，他便过去了，他一过去，你不就可以早早地去赶集了吗？"

农夫听了和尚的话后，红着脸没有说话。

和尚又笑着问小伙子："你今天洞房花烛，这可是人生大事，为什么不先退一步呢？"

于是，在和尚的调解下，小伙子和农夫都过桥。

下午的时候，小伙子和农夫再次在桥上相遇。小伙子是一个人回来的，满脸的沮丧；而农夫的车上，依然是满车的家禽，也是一脸的痛苦。

原来，小伙子因为错过了迎亲的时辰，老丈人不愿意将女儿嫁给他了；而那个农夫，也因为赶集迟到了，一只家禽也没有卖出去，家禽在烈日的炙烤下还死去了不少。你看，多么可惜呀！两个人要是有一个人能退一步的话，晚上，小伙子就会洞房花烛，农夫也会怀揣着银子回家。

生活中很多人都喜欢争强好胜，但是，不论是说话还是做事，如果不给别人留一点余地和空间，那么很容易就把自己逼近死角。而只要稍微退一步忍一忍，人生往往就是另一番景象。

一天，圣严法师正要开门出去时，迎面闯进一位魁梧的男子，结结实实地撞到法师身上，把法师的眼镜都撞碎了，镜框还戳青了法师的眼皮，可那位撞人的男子丝毫没有歉意，还恶狠狠说："活该你戴着眼镜！"

法师笑了笑没有说话。

男子颇觉惊讶地问："和尚，你为什么不生气呀？"

法师说："我为什么一定要生气呢？这既不能让眼镜复原，又不能让脸上的消肿。再说，生气只会让事情变得更糟糕，造成更多的恶缘。要是我早退一步，我们就会避免相撞了。"

男子听后十分感动，然后若有所悟地离开了。

在一年之后的一天，法师接到一信封，信内装有五千港元，正是那位男子寄的。

原来男子大学毕业之后，在事业上不顺利，婚后也不知善待妻子，生活在痛苦之中。一天，他发现妻子与一名男子在家中谈笑，他就冲动地拿了把菜刀，想先杀了他们，然后自尽，以求了断。

他正要冲进客厅，却他看见那男子惊慌地回过头，脸上的眼镜掉了下来，瞬间，他想起了法师的教诲，于是他退出了客厅，让自己冷静了下来，反思了自己过错。

后来，他的生活很幸福，事业也顺利了，特寄来五千元钱，感谢从法师那里得到了幸福的秘笈。

很多时候，在生活中退一小步，就能让你的人生幸福很多。很多时候，退一步就是忍一忍，退一步就是吃点亏，退一步就是让一让。忍一忍，会让你少去很多困难；吃点亏，会让你少去很多麻烦；让一让；会让你免去灾难。想一想，没有困难、麻烦和灾难的人生难道不就是圆满的人生吗？

❖ 跟王阳明学心学智慧

如果不给别人留一点余地和空间，那么很容易就把自己逼近死角。而只要稍微退一步忍一忍，人生往往就是另一番景象。

宽忍会带来无量功德

有人认为，忍是一种退让，是胆小和懦弱的表现；忍，往往会给自己带来更多的欺负，正所谓“人善被人欺，马善被人骑”。——这是俗世的看法，在佛家看来，“有容乃大，忍者无敌。”王阳明深知这个道理，他提出：“立世，惟有宽大容物才是正途。”王阳明明确告诉我们，忍会给我们的人生带来什么。的确，在现实中，胸襟宽广，就能够团结一切人，能够成就大事。反之，心胸狭窄，容不得他人，只会使自己局限于一隅，难以有所建树。

圆通禅师在讲法的时候，法远禅师知道后就让义青禅师去圆通禅师那里求法。

义青禅师认为圆通禅师并不高明，所以极不愿意去听，但是又不愿违逆法远禅师，便只好去了。到了圆通禅师那里，义青禅师并不参问，只是贪睡。

执事僧看不过去，就告诉圆通禅师说：“有个僧人总是白天睡觉，应当按法规处理了。”

圆通禅师以前还不曾听说谁在堂上睡觉，便很惊讶地问：“是谁？”

执事僧回答：“义青上座。”

圆通禅师想了想，便说：“待我去问一问再说。”

圆通进了僧堂，果然看到义青在睡觉。圆通禅师便敲着义青禅师的禅床说道：“我这里可没有闲饭给只会睡大觉的上座吃。”

义青禅师睡眼惺忪地问道：“和尚叫我干什么？”

圆通禅师便问：“为什么不去参禅？”

义青禅师回答：“食物虽美，饱汉却没胃口。”

圆通禅师听出义青禅师话里有话，便说：“可是反对上座的人很多。”

义青禅师则胸有成竹地回答：“赞成了，又有什么用？”

圆通禅师听其话，知其来历一定不凡，就问："上座曾经见过什么人？"

义青禅师回答："法远禅师。"

圆通禅师笑道："难怪这样顽赖！"

随即，二人相握着手，相对而笑，一同进了方丈室。义青禅师从此名声远扬。

能忍就能安己安人、和众共济，所以宽容是建立和乐人间的最佳准则。圆通禅师能够让法远禅师敬重，并让义青禅师前去听法，就是因为圆通禅师的容人雅量。义青禅师在圆通禅师面前的自信，多少显示出对圆通禅师的轻视，圆通禅师不是没有察觉。若圆通禅师没有容人的雅量，不能对义青禅师的轻慢一笑置之，估计义青禅师是免不了被扫地出门的。圆通禅师不仅能够容忍他的轻慢之举，而且能够肯定他，抬举他，给他应有的地位，其博大胸怀可见一斑。

容人是一种美德，是一种思想修为，更是一种高尚的品德。要想成为一个伟大的人，必须要有容人的雅量。反过来讲，只有自己能容人，别人才能容自己。很多时候一个人之所以能够被人敬仰，受人尊敬，不在于他的能力有多高，相貌有多体面，知识有多渊博，而在于他有宽广的胸襟，能够容人之不能。在圣严法师看来，能互相体谅、容忍，表现一分宽心、爱心，即是悲心。

一天晚上，一位老禅师在寺院里散步，忽然发现墙角边有一张椅子，一看就知道有出家人违犯寺规翻墙溜出去了。

这位老禅师不动声色地走到墙角边，把椅子移开，就地蹲着。没过多久，果然有一个小和尚翻墙进来，他不知道下面是老禅师，于是在黑暗中踩着老禅师的脊背跳进了院子。

当他双脚落地的时候，突然发现自己原来踩的不是椅子，而是老禅师。小和尚顿时惊慌失措，木鸡般地呆立在那里，心想："这下糟糕了，肯定要被杖责了。"但是，出乎小和尚意料的是，老禅师并没有厉声责备他，只是平静而关切地对他说："夜深天凉，快回去多穿点衣服吧。"

老禅师宽恕了小和尚的过错。因为他知道，此时此刻，小和尚已经知错了，那就没有必要再饶舌训斥了。之后，老禅师也没有再提及这件事，可是寺院里的所有弟子都知道了这件事，从此以后，再也没有人夜里翻墙出去闲逛了。

这就是老禅师的度量，他给犯过错的弟子提供反省的空间，使其悔悟，自戒自律。宽容地对待别人的过错，这是何等的胸怀。学会宽容，是一种美德、一种气度，因为你能容得他人不能容，所以你也必将拥有了别人不能拥有的。

王阳明说："能容人之错，使之有改过之机，则可谓贤者。"生活中，宽容是一种美，因为有了宽容才使许多人有了浪子回头的决心。

❖ 跟王阳明学心学智慧

宽容才使那颗犯错的心有了安全的回旋余地。当你选择宽容时，对整个社会，乃至所有的众生，都是有大功德的。

选择宽恕，就选择了宽心

没有人不会犯错，而知道自己犯了错的人，最希望得到别人的宽恕和谅解。假如别人希望在自己犯错之后求得你的谅解，你是否能够给他一次改过的机会？这便是你选择做一个宽容的人还是做一个苛刻的人的机会。王阳明说："我执太重，动则伤人，而无法圆融待人。"用当下的话说就是："选择宽恕，就是在为自己选择宽心。"

释迦在世时，弟子中出了一名叛徒。这个背叛者是释迦的堂兄弟提婆。

提婆妒忌释迦的名声，屡次设计要杀害他都终告失败。释迦一次次宽恕了他，不过他这个人却恶劣成性，始终不改。有一次，尼僧法施谆谆告诫他，却惹得他凶性大发，杀死了法施。

然而，一重又一重的恶行积压下来，终使提婆不堪良心的谴责而病倒了。病床上的提婆每天都过得极忧烦痛苦，非常希望有什么方法能减轻身心上的折磨。于是他拖着病体，乘了一顶舆轿到释迦那儿去，想要向他忏悔自己的罪过。

然而当舆轿一着地，大地就刮起了一阵大风，而提婆也就活生生被打入阿鼻地狱去了。

释迦的一名弟子见状非常不忍，就对释迦说："我想救救提婆。"

释迦说："很好，可是有一点要注意，你要以正心说教，让他彻底改过。因为要让恶人幡然悔悟，实比在枯木上雕刻还难。"

这名弟子即刻赶往提婆那儿。只见提婆正痛苦地挣扎着，提婆见了他，就哀求他说："我的痛苦就好像被铁轮辗碎了身子，被铁杵痛捣身体，被黑象践踏，把脸投向火山一样，请快来救我！"

弟子答："赶快皈依我佛吧！如此就可以得救。"

说完，所有的痛苦都化为乌有，提婆也痛悔前非，自心底深深悔改。

释迦用宽广的心胸原谅了提婆的过错，包容了他的无礼，这就是宽恕！人们犯错是一种平常，而用宽容的心对待别人的冒犯却是一种超常。

王阳明常常告诫弟子们："比丘常带三分呆，智者须有三分愚。"就是要弟子们大智若愚，凡事不要太计较，即使遭到了别人的无礼也要宽恕他们，因为宽恕别人，也是升华自己。

现实中，宽恕别人并不困难，但也不容易，关键是看我们的心灵是如何选择的。用佛陀的话说："对愤怒的人，以愤怒还牙，是一件不应该的事。对愤怒的人，不以愤怒还牙的人，将可得到两个胜利：知道他人的愤怒，而以正念镇静自己的人，不但能胜于自己，也能胜于他人。"这就是宽恕的力量。

"放下屠刀，立地成佛"，这句话众人皆知，你不原谅人，要想报复，等于手握屠刀。

"贪、嗔、痴"，是佛说的"三毒"。种种不好的事情，都由这"三毒"发展而成，你细想一想，就会证实佛说得一点儿都不错。生意失败、损失金钱，往往由贪欲而来，做作错选择、找错对象、交错朋友、做错事情，往往由愚痴而来，破坏、犯罪，往往由嗔恨而来。人的所有过错，都脱离不了贪、嗔、痴三种原因。这三种毒，犯一次就要吃一次亏。不原谅别人，犯的正是嗔毒，这种毒，在刺伤别人以后，往往要反过来刺伤自己。

我们在人生修行道路上，都知道宽恕别人的重要。在我们还没有能做到完全宽恕别人的时候，不妨先作一种思维，这种思维，能够帮助我们把报复心消除。首先，闭上你的双眼，然后想想那个最令人难以宽恕的人。你想把他怎样？要怎样才会使你宽恕他？你是不是要他受苦，你才能宽恕他？如果是，你可以想像他正在受苦，受种种的苦；想象完了以后，你不禁会对他产生出怜悯心，会宽宏大量的饶恕他，不再想报复，不想真使他这样受苦。

做这种思维，只能偶然一次，不可以每天都做。你做完这种思维以后，就应该从此宽恕这个人，永远消除报复心。

❖ 跟王阳明学心学智慧

心存恶念会令身体放出邪恶之光，这种光最能招惹邪恶力量，使你做出邪恶行为，一定要避免才是。

成就事业需要博大胸怀

人无完人，金无足赤。人与人相处，难免就会产生摩擦，发生矛盾。纵观那些有大成就的人，不难发现，他们都有着“宰相肚里能撑船”的气量。也就是说，能不计前嫌的人，他的成就往往比斤斤计较的人更高、更大。能容天下人、天下物，出入无碍，进退自如，这正是成就大事业的资本。

王阳明心胸开阔，在平定了叛乱，俘虏了宁王朱宸濠之后，他把功劳全都让给了别人。而之后，朝中公公张永向王阳明索要朱宸濠筹备造反时打通关系送礼行贿的账本；张永本想借此账本整治那些平时跟王阳明唱反调的人，但王阳明却声称把这个账本给烧了。在他眼中，叛乱已经平定，再没有理由大动干戈，就到此为止吧。

一个真正成功的人，必须要有博大的胸襟。一个胸襟宽广的人，才能不被狭隘偏私所限制，才能认识生命真正的意义，成为识人才的伯乐，眼光高远，千金买马骨。

南非的民族斗士曼德拉，因为带领人民反对白人种族隔离政策而入狱，统治者把他关在荒凉的大西洋小岛罗本岛上27年。尽管当时曼德拉已经步入老年，但是白人统治者依然像对待年轻犯人一样对待他。

曼德拉被关在总集中营一个“锌皮房”里，他的任务是将采石场采的大石块碎成石料，有时从冰冷的海水里捞取海带，还做采石灰的工作。因为曼德拉是要犯，专门看守他的就有三个人，他们对他并不友好，总是寻找各种理由虐待他。

27年的监狱生活并没有打倒曼德拉，他坚强地走出监狱，获得了自由。1991年，他被选为南非的总统。曼德拉在他的总统就职典礼上的一个举动震惊了整个世界。总统就职仪式开始时，曼德拉起身致欢迎词。他先介绍了来自世界各国的政要，然后他说，他深感荣幸能接待这么多尊贵的客人，但他最高兴的是当初他被关在罗本岛监狱时看守他的三名前狱方人员也能到场，然后他把这三个人介绍给了大家。

曼德拉博大的胸襟和崇高的精神，让那些残酷虐待了他27年的白人无地自容，也让所有到场的人肃然起敬。年迈的曼德拉缓缓站起身来，恭敬地向三个曾关押他的看守致敬，世界在那一刻平静了。

事后，曼德拉向朋友们解释说，自己年轻时性子很急，脾气暴躁，正是在狱中学会了控制情绪才活了下来。他的牢狱岁月改变了他的性格，使他学会了如何面对苦难。他说，感恩与宽容经常是源自痛苦与磨难的，必须以极大的毅力来训练。

曼德拉说起获释出狱当天的心情：“当我走出囚室，迈过通往自由的监狱大门时，我已经清楚，自己若不能把悲痛与怨恨留在身后，那么我其实仍在狱中。”

无论在什么时代，人才永远都是最重要的。人才难得，所以很多政治家对冒犯自己的人才往往能既往不咎，收为己用，这也是他们能成就霸业的关键。

齐桓公即位后，即发令要杀公子纠，并把管仲送回齐国治罪。因为管仲做公子纠的师傅时，想用箭射死齐桓公，结果齐桓公假死逃过一劫。管仲被关在囚车里送到齐国，鲍叔牙立即向齐桓公推荐管仲。齐桓公气愤地说："管仲拿箭射我，要我的命，我还能用他吗？我恨不得杀之而后快！鲍叔牙说："以前他是公子纠的师傅，所以他用箭射您，这不正好体现了他对公子纠的忠心吗？而且要是论起本领来，他比我强多了。主公如果要干一番大事业，管仲可是个不可多得的人。"

齐桓公也是个豁达大度的人，听了鲍叔牙的话，不但没治管仲的罪，还立刻任命他为相，让他管理国政。管仲协助齐桓公整顿内政，开发富源，大开铁矿，多制农具，后来齐国越来越富强了。

齐桓公既往不咎，原谅了管仲的冒犯，原因在那儿呢？一是各为其主；二是管仲确有大才；三是最重要的一点，齐桓公确实是一个有胸襟的人。化敌为友，使其成为自己的得力干将，这是古代领导者常见的戏码。

❖ 跟王阳明学心学智慧

我们常说，滴水之恩，当涌泉相报，就是这个道理。对别人的好，以后往往会反馈回来的。《孙子兵法》里最精妙的招数要数"攻心"。而要攻心，就要有一颗有容乃大的心。能够包容、忍受别人不能忍受的苦难甚至屈辱，才能成就别人无法成就的大事业。

小事不忍难成大谋

忍耐精神是一个人意志坚定的表现，更是一个人处世谋略的体现。要想成大事，就不应斤斤计较；一个人要成就一番大事业，就不应考虑琐碎。人非圣贤，孰能无过，如若求全责备，只怕这个世界上就没有任何一个可用之人，也没有一件可作之事了。能够容忍小过的存在，才能最终成就一番大事。

王阳明自言被贬谪龙场后，居住在蛮夷之地，处境贫困之极。那时候的王阳明初入官场，胸怀大志却被奸臣刘瑾暗算，贬谪到贵州，甚至在路上险些遭到杀害。但他还是忍下了这口气，巧妙地躲过了暗杀，走马上任。也正是因为他的隐忍，暂时打消了刘瑾的疑心，保住了性命；更是因为他暂时的隐忍，才有了后来的“龙场悟道”，从此创立了心学。

王阳明虽被贬，心中志向也被扼杀，但他仍然不急不躁，不仅避免了杀身之祸，还成就了自己的前途。在现实生活中，性格急躁、粗心大意的人，难以办成大事。性情温和、内心安详的人，必然万事顺意。

古时，有位妇人经常为一些琐碎的小事生气。她也知道这样不好，便去求一位隐者为自己开解。隐者听了她的讲述，一言不发，把她领到柴房中，上锁而去。妇人气得跳脚大骂，骂了许久，隐者也不理会。妇人转而开始哀求，隐者仍是装着听不见。妇人终于沉默了。隐者来到门外，问她：“你还生气吗？”

妇人说：“我只为我自己生气，我怎么会到这个地方来受罪。”

“连自己都不能原谅的人，怎么能心如止水？”隐者转身而去。过了一会儿，隐者又问她：“你还生气吗？”

“不生气了。”妇人说。

“为什么？”

“生气也没有办法呀！”

“你的气并没有消逝，还压在心里，爆发后，将会更加剧烈。”隐者又离开了。

隐者第三次来到门前，妇人告诉他：“我不生气了，因为不值得生气？”

“还知道不值得，可见心里还有衡量的标准，还是有‘气’。”隐者笑道。

妇人问他：“什么是气？”

世外高人将手中的茶水倾洒到地上。

妇人看了一会儿，突然有所感悟，于是，她叩谢而去。

当我们容许别人来掌控自己的情绪时，本身就已经成为一个受害者，当对发生的现况无能为力的时候，抱怨与愤怒便成了唯一释放的选择。生气就是在用别人的过错来惩罚自己。既然如此，又何必生气呢？莫生气，因为生气伤身又伤神。每个人都有自己的情绪，要学会控制，否则，有些过分的语言和行为，会误事更会伤人。要做大事，成大事，关键在于一个“忍”字。人常说，忍字头上一把刀。如果多一些容忍，不管是包容别人的人，还是被包容的人，都会获得身心的愉悦。

古代有个叫张崇的人，年轻的时候在山坡上放牛，没多久，张崇便不知不觉地打盹来。这时，他被一声牛叫惊醒，他看到自己的邻居蹑手蹑脚地抓起牛绳，把自己家的牛牵走了。

张崇并没有马上喊叫起来，他很了解这个邻居的情况，由于家里贫困，邻居家已经很久没吃上肉了。张崇从地上起来，不动声色地跟在邻居的后面。

到了邻居家后，张崇看到邻居正在磨刀，看样正要宰牛。此时，邻居发现张崇立在一旁，顿时满脸羞愧，拿刀的手不知往哪里放。张崇并没有责怪邻居，而是对他说了一个故事。

原来，张崇小时候家里的日子过得很艰难，常常吃了上顿没下顿，一次，他跑到一户人家的地里，偷了一个西瓜，主人发现后并没有说什么，而是从地里又拿来西瓜给张崇吃，临走还让他带走几个。

过了十几年，张崇在京城当了官，经常对手下人讲起这两个故事，说：“我用我自己的行为去感染对方，这要比责骂有用得多，如果天下人都这么做，那么我们就能看到太平之世了。”

西瓜的主人并没有责备张崇，反而给他西瓜吃。张崇被感染了，于是当自己的牛被人牵走时，他也没有责骂，而是用行动去感染对方。所谓小事不忍，难成大谋。为人要学会忍耐，如果一点小事都不能容忍而发脾气，就只会坏事。只有下定决心耐住性子，才能做成大事，否则就会有麻烦缠上身。

明朝初期，程朱理学占有统治地位，王阳明的学说问世后，刮起一股新风，开辟了儒学新的局面，但是也遭到了不少学者的异议。如同朝为官的吴廷翰就“知行”的问题对王阳明的学说进行了批判，他认为，人所认识的是外界的客观存在，强调知和行在认识中的作用，也就是说，知便物的对应“不可求知子物之外”，“言知之物，乃知之着实处”，假如离开了外界事物，则只有“空知”，失去了认识的对象和来源等。王阳明对于他人的批判和指责，并没有表现出多么的不满，而是包容大度，他认为这是正常现象。

❖ 跟王阳明学心学智慧

每一位优秀人物的身旁总会萦绕着各种纷扰，对它们保持沉默要比寻根究底明智得多。我们应当保持一种温和平静心态，从容地面对那些纷扰。生活中忍耐、适应，等一切都过去了，剩下的就是美好的了。

一念嗔心起，八万障门开

在王阳明看来，很多人只要心中有嗔、有怨、有恨，很快就会从面色、言辞、行动上表现出来。修行人要得心神安定，感到喜悦安乐，一定要把嗔心除掉。有些人没有表现贪欲，但嗔心很重；他不求名位、利禄、权势，也不想追求男色、女色，但对很多事情、很多人都看不顺眼。既然对任何事都怨愤不平，对任何人都采取对立的心态，心中就不会安定。因为在贪、嗔、痴、疑、慢五毒中，“嗔”是烦恼毒的根源。佛学中所谓“一念嗔心起，八万障门开。”原因就在于此。

在日常生活中，很少有人能够喜怒不形于色。大多数人快乐时可以不动声色，而怒气却往往很明显地就浮现在脸上或者付诸于报复之中。

嗔怒就像是一匹脱缰的野马，奔跑的方向难以掌控。所以王阳明认为嗔心的毒害最大，其爆发往往有指向性，一旦发作，害人害己，是双重的罪恶，“杀嗔心安稳，杀嗔心不悔；嗔为毒之根，嗔灭一切善”。

一个人若能够时刻提醒自己以一颗宽容心对己对人，以一份豁达的心对人与事，那么，这个人就能够除去很多烦恼，保持一颗宁静的心。“壁立千切，无欲则刚”，布施心让人变得更加坚强；“海纳百川，有容乃大”，宽容心让人更加柔韧。坚忍是一种特质，像水一样，刀剑斩不断，绳索缚不住，牢笼困不得，而水滴却能穿石。

有一天，佛陀在竹林精舍的时候，忽然来了一个人，那人愤怒地冲进精舍。原来是他同族的人，都出家到佛陀这里来了，因此，他大发嗔火。

佛陀默默地听了他的无理辱骂后，等他稍微安静时，对他说：“你的家偶尔也有访客吧？”

那人回答：“当然有了，你为什么问这些呢？”

佛陀不答，继续问道：“那个时候，你偶尔也会款待客人？”

那个人说：“那是当然了。”

佛陀继续问：“假如那个时候，访客不接受你的款待，那么，那些菜肴应该归谁呢？”

那个人回答：“要是他不吃的话，那些菜肴只好归我了。”

佛陀以慈祥的目光盯着他看了一会儿，然后说：“你今天在我面前说很多坏话，但是我并不接受它，所以你的无理谩骂，那是归于你自己的啊！婆罗门啊，如果我被谩骂，而再以恶语相向时，就有如主客一起用餐一样，因此，我不接受这个菜肴。”

然后，佛陀说："对愤怒的人还以愤怒是一件不应该的事。对愤怒的人，不以愤怒还牙的人，将可得到两个胜利：知道他人的愤怒，而以正念镇静自己的人，不但胜于自己，而且胜于他人。"

面对他人的无理谩骂，佛陀并未生气，而是以一种平和的心态对待，甚至以一颗宽容之心为他剖析其中缘由。实际上这是佛陀对他的点悟和开示，是否能够参透，则要看他自己的造化了。

生活在凡尘俗世，难免与人磕磕碰碰，难免遭别人误会猜疑。你的一念之差、你的一时之言，也许别人会加以放大和责难；你的认真，你的真诚，也许会被别人误解和中伤。如果非得以牙还牙拼个你死我活，如果非得为自己辩驳澄清，可能会导致两败俱伤，还不如拔除嗔怒的毒根，做一个轻松之人。

在王阳明眼中，灭嗔心是修行的必经之路，"如果能灭嗔心，就能修行一切善法。当嗔心的火熄灭时，对人会生起慈悲心，会以关怀、原谅、同情的心待人；当嗔心消灭时，对一切事物的决断，会以纯客观的智慧来处理自己的问题，分析他人的问题，化解一切麻烦的问题。所以说一旦嗔心灭，一切善法生了。"

❖ 跟王阳明学心学智慧

待人处世，不以人之犯己而动气，而以祥和慈悲的态度面对一切事、一切人，就能够在世事面前如流水一样，可方可圆、顺其自然，拥有幸福的人生。

人要懂得克制自己

当我们被某人所激怒时，当我们被某事所烦恼得无以复加时，当我们的极端情绪达到一个临界点想要爆发时，我们应该怎样做呢？报复别人，冲动爆发，还是克制住自己呢？

宋朝理学大家朱熹提出“克念作圣”的观点，要求为人者需懂得克制自己。王阳明的思想虽然在很多方面都与朱熹有所不同，但在克制自己这方面，两个人却殊途同归。

王阳明讲“能克己，方能成己”，意思是说一个人只有能克制住自己，才能够有成。只不过朱熹要求的“克己”是从理智的角度讲，而王阳明要求的“克己”是从一个人爱自己的角度讲的，“为己之心”就是为了自己、爱护自己。

然而无论是从什么角度，克制自己总是一样的。人为什么要克制自己？因为克制对应的情况往往是冲动，在冲动中的人难做出正确的选择，或者对自己造成伤害，或者对人生有不好的影响，总之都是不应该的。此时，就需要用克制让自己冷静下来；人冷静了，决定自然也就理智多了。

古往今来，我们知道的那些做大事的人，无一例外都是有着极强的克制能力，能忍受别人完全无法忍受的恶劣情绪。

从前，波罗脂国有两个比丘。

一天，它们听说佛陀在合卫国大开法筵，演说妙法，二人便相约一同前往听佛陀开示法要。

收拾了简单的行囊，二人便向舍卫国出发了。烈日下，二人挥汗如雨地低头疾行，走着走着，觉得口干舌燥，但一路上却没有半点水源，二人只得耐着口渴，继续往前走。

正当俩人走得精疲力竭时，突然，眼前一亮，一口井就在前面不远处。二人宛如沙漠逢甘霖般，欣喜地前去汲水。

当他们把水汲出井后，却发现水中有虫。这时其中一位比丘，顾不得水中有虫，就迫不及待地一饮而下。

另一位比丘，只是默然地站立于井边，喝了水的比丘见状就问：“你不也很渴吗？为什么现在却不喝了呢？”

这位比丘答道：“佛陀有戒，水中有虫不得饮用，饮了即犯杀生戒。”

喝了水的比丘就相劝说：“您还是喝了吧，不然渴死了，连佛都见不到，更别说听经闻法了！”

比丘听完，不为所动地说：“我宁可渴死，也不愿意破戒而苟活！”

这位坚持不喝水的比丘就因此而丧命了。

但由于持戒的功德力，比丘往生后立即生到天道，当天晚上就以神通力抵达佛所，顶礼佛陀，佛为他说法，他得到了法眼净。

而喝了水的比丘独自一人继续赶路，直到隔日才来到佛所，一见佛陀，立刻五体投地的至诚礼拜。

佛陀以神通智能力得知先前发生的事，他询问道："比丘，你从何处来？有没有同伴随行？"

比丘即一五一十地把路上发生的事禀告佛陀，佛即呵斥说"你这个愚痴的人，你虽然现在眼睛见到了佛，但是却没有真正地见到佛，那位持戒而死的比丘已先你一步来见我了。"

佛陀更进一步说："若有比丘放逸懈怠，虽与我同住在一边，也能常常见到我，但我却不曾见这样的比丘；若有比丘离我数千里，能精进用功、不放逸，虽然彼此相隔千里之遥，而这样的比丘却能常常见到佛，而佛也常常得见比丘。"

比丘听完佛的教导，若有所悟，羞愧地顶礼而退。

克制自己，才能完善自己，成就自己。若不克制，放纵自己被激情和欲望的魔力牵制，莫说难以成就事业，甚至会自取灭亡，走向可悲境地。

王阳明云"或有为已之心，方能克己"，然而有一点他没有说，那就是克己实际上也是为己。在遭遇侮辱时，在坚持不住时，任谁的第一选择都是放弃克制的堤坝，让冲动的洪水得以宣泄。然而一旦让冲动的洪水冲开了堤坝，那可就再也收不回来了。

❖ 跟王阳明学心学智慧

克制的能力不是与生俱来的，它是一个人智慧与意志的体现，越是在经历重大磨难的时候，越是一个人表现其克制能力的时候。关键时刻，克制住了，那么他的人生也就走向成功了。

忍是一门最让人受益的工夫

关于忍耐这个话题，王阳明曾经说过这么一段话："凡人言语正到快意时，便截然能忍默得；意气正到发扬时，便翕然能收敛得；愤怒嗜欲正到胜沸时，便廓然能消化得，此非天下之大勇者不能也。"这句话的意思是：普通人在说话说得翔乍常痛快的时候戛然而止，能够在人生最飞黄腾达的时候及时收手，能够在怒不可遏的时候控制自己的情绪，这才是最大的勇气，也是一种罕见的自制力。王阳明所说的自制力，就是我们通常所说的忍耐。众所周知，忍耐是一个人成就大业的基础技能，也是一种不可或缺的素质。

俗语说："百人百心，百人百性。"——有的人性格内向，有的人性格外向，有的人性格柔和，有的人则性格刚烈，各有特点，又各有利弊。然而纵观历史，我们不难发现，往往刚烈之人容易被柔和之人征服利用。太过于嚣张的民族，往往越容易被低调的民族所征服。

冒顿是匈奴单于头曼的太子，头曼后来又喜爱别的妻子生的小儿子，想废掉冒顿而立小儿子为太子。冒顿便杀掉头曼，自立为单于。

当时东胡强盛，听说冒顿弑父自立，内部形势不稳定，乘机挑衅，派使者到冒顿那里，索要头曼的一匹千里马。

冒顿问左右大臣，大臣们都说："千里马是匈奴的宝马，绝不能送给他。"

冒顿沉吟着说："东胡索要千里马不过是个借口，假如我们不给，他就有理由攻打我们，就要发生战争。"

左右大臣都攘臂愤慨地说："宁可和他们拼一生死，也绝不可示弱送马。"

冒顿说："打起仗来就要损失几千几万匹马了，人死得更要多，不值得为了一匹千里马付出如此大的代价，况且都是邻国，在乎一匹千里马也显得过于小气。”冒顿便派人把千里马送给东胡。

过了不久，东胡又派人来索要单于的一个阏氏（单于的妻子称为阏氏），冒顿又问左右大臣。左右大臣都义愤填膺，说：“东胡太没有道义了，竟敢索要阏氏，是可忍，孰不可忍，请您下令发兵攻打他。”

冒顿说：“为了一名女子和邻国大动干戈，损失人马牲畜无数，太不值得了，况且和人家邻国友好，何必吝惜一名女子。”便又把东胡索要的阏氏送了出去。

东胡王见所求辄获，意气骄横，根本瞧不起冒顿单于，又派使者见冒顿，说：“你我两国边境之间有块空地，有一千多里，你匈奴也到不了那里，把这块地送给我吧。”

冒顿又问左右大臣该如何。左右大臣们说：“这本来就是块无用的土地，给他也可以，不给也可以。”

冒顿闻言大怒，说道：“土地是国家的根本，怎么能把土地送给别人？”

凡是说可以把地给东胡的大臣都被他斩首，然后下令国中，集中兵马，有敢迟到者一律斩首，便亲率大军袭击东胡。东胡素来轻视匈奴，全然不加防备，冒顿一举消灭了东胡，把东胡的百姓和牲畜占为己有。

冒顿弑父自立，虽属自保，也显露出他凶猛残忍的天性，然而面对东胡的无理要求，却一忍再忍，而且忍常人所不能忍，这是因为他要成就常人所不能成就的事业。

当时东胡最为强大，东胡敢于提出无理至极的要求也是倚仗自己的实力，索要千里马和阏氏不过是想挑起事端，以便自己出师有名，假如此时冒顿不答应请求，正式开战，一定占不到上风。

冒顿偏偏都忍住了，要马给马，要人给人，就是不给你开战的理由。另外也以谦卑懦弱的姿态达到骄敌、愚敌、痹敌的目的，同时用所受到的耻辱来激发国内斗士的血性，“知耻近乎勇”，耻辱常常会增强斗志。

东胡见所求无不获，心满意足，既不把匈奴放在眼里，也不屑出兵攻打了，却不知“骄兵必败”，在表面的胜利中，已经输掉了最关键的战争要素。

冒顿战胜东胡的智慧，正是以老子“天下之至柔，驰骋天下之至坚，无有入无间”为指导思想才成功的，或者说是一种退一小步而进一大步的胜利。倘若东胡是一块巨石的话，那么冒顿就必须要让自己成为一堆棉花，而不是同样硬的岩石，因为棉花与巨石相碰，则会很轻松地将其包在里面。而如果巨石与巨石相碰，必然会两败俱伤。

至柔治刚的智慧并非让我们在面对强者时一味退缩、忍让，而是让我们适时地避开锋芒，与别人巧妙的周旋，最终达到制胜的目的。

常言道：“忍一时风平浪静，退一步海阔天空。”其实，真正意义的忍耐，并非只是狭义地对人对事的退让，而是为了更高追求和目标的自我坚守。有了坚守，才能不介意眼前利益的得失，才能不在乎所受的屈辱和磨难，那么成功也会在你的百折不回之下悄然而至。

❖ 跟王阳明学心学智慧

在某些人眼里，忍耐是一种自残。其实并非如此严重，王阳明所说的忍耐是为实现更高理想的暂时隐忍，绝非无原则的自虐。如果将忍耐当做处世原则，那就是对人对事：沉稳一点，持重一点，平和一点，理性一点。

第七辑
知足寡欲，看淡看轻从不动心

在对欲望的追逐中，人们常感觉身心俱疲，却又无法停下追求的脚步，正所谓“世味浓，不求忙而忙自至”。但忙来忙去，多的是更大的贪念和对心灵的负罪，少的是人生的真滋味。在王阳明看来，人应该消减欲望，看淡看轻从“不动心”。

没有贪念，才不会招魔

人生在世，除了生存的欲望以外，人还有各种各样的欲望，自我实现就是其中之一。欲望在一定程度上是促进社会发展的动力，可是，欲望是无止境的，欲望太强烈，就会造成痛苦和不幸。王阳明说："不争不贪，福寿无边；争贪搅扰，罪孽不少。"王阳明把"贪念"看成是"招魔"的诱因，他说："在《金刚经》上说：'凡所有相，皆是虚妄，若见诸相非相，即见如来。'所以，我们不能执着境界的存在，更不要贪着神通。若有贪着，便会走火入魔。也不要贪着虚妄的名利，否则会入旁门左道，成为魔王的眷属，实在可怕之至！""不是说，我坐禅有所企图，贪着有个什么境界现前。如果有这种妄想，便会招魔来扰乱。""贪求名，就被火烧死，贪求利，就被水淹死，这是水火二灾。再贪求荣华富贵，就会死在风里。"

据说，蜈蚣原先并没有为它造脚，但是它仍可以爬得像蛇一样快。有一天，它看到羚羊、梅花鹿和其他有脚的动物都跑得比自己快，心里很不高兴，便嫉妒地说："哼！脚多，当然跑得快。"于是它向佛祖祷告说："佛祖啊，我希望拥有比其他动物更多的脚。"

佛祖答应了蜈蚣的请求，他把好多好多的脚放在蜈蚣面前，任凭它自由取用。蜈蚣迫不及待地拿起这些脚，一只一只地往身体上粘，从头一直粘到尾，直到再也没有地方可粘了，它才依依不舍地停止。

它心满意足地看着满身是脚的躯体，心中暗暗窃喜："现在我可以像箭一样地飞出去了！"但是等它开始跑时，才发觉自己完全无法控制这些脚。这些脚劈哩啪啦地各走各的，它非得全神贯注，才能使一大堆脚顺利地往前走。这样一来它反而比以前走得更慢了。

可见，贪心越大，失去的就越多。人生的很多痛苦乃至不幸，就像故事中的蜈蚣，往往都是贪念造成的，所以有人说："患起于多欲，祸生于贪心。"

有一个农夫，每天早出晚归地耕种一小片贫瘠的土地，累死累活，收效甚微。一位天使可怜农夫的境遇，就对农夫说，只要他能不停地跑一圈，他跑过的地方就全部归其所有。于是，农夫兴奋地朝前跑去，跑累了，想停下来休息一会儿，然而一想到家里的妻子、儿女们都需要更多的土地来生活，又拼命地往前跑……结果因心力衰竭，倒地而亡。

生命没有了，土地没有了，一切都没有了，贪婪使这个农夫不知道适可而止，于是他失去了一切。贪婪是一切祸乱的根源，这就是王阳明所说的"贪念是魔"。所以，一个人欲望太盛，就要消除欲望，这样，才能将人生转移到合理的轨道上来，不然，就会"招魔"，就会出问题。

在物欲横流的现代社会，如何控制好自己的欲望，不仅关系到脚下的人生，更关系到我们每日的心情。生命属于个人，每个人有权设计自己的生活和人生道路。所有的心愿，只要符合法律和道德的要求，都应该受到尊重。但是我们必须明白：生命的过程中，一切物质及肉体都是不可靠的奴仆，想让自己的人生得以升华，就必须放下这些本性之外的东西，而追求生活本身的淳朴，这样才能活得惬意。

❖ 跟王阳明学心学智慧

王阳明说："求名之心过盛必作伪，利欲之心过剩则偏执。"今天，面对名利之风渐盛的社会，面对物质压迫精神的现状，能够做到视名利如粪土，视物质为赘物，在简单、朴素中体验心灵的丰盈、充实，并将自己始终置身于一种平和、自由的境界。

贪欲似尘埃，不扫误人生

有些人，整天愁眉不展，快乐少于烦恼；而有些人，整天嘻嘻哈哈，快乐多于烦恼。有些人欲望越来越大，而有些人一生都能清心寡欲。为什么人的生活会有这样大的差别呢？答案很简单：关键看你能不能随时除却心灵的尘埃。

王阳明说："古人修道，是把七情六欲之妄想，大扫除一番，清理得干干净净。要知道七情是修道的绊脚石，有了七情的妄想，那就不能专心修道，整天妄想纷飞，见到境界就动心。经不起考验，将所修来的一点定力，都丢光了，而不起作用，这岂不是白费参禅打坐的功夫?"王阳明是借修道来规劝世人，要时常清扫心灵，这样，才能"断欲"，才能保持心灵的干净。

怎样能断欲呢？佛典上有一偈："身是菩提树，心为明镜台，朝朝勤拂拭，莫使惹尘埃。"意思是人心就好比一面镜子，只有拭去镜面上的灰尘，镜子才能光亮，才能照清人的本来面目；所以，一个人也只有常常拭去心灵上的尘埃，方能露出其纯真、快乐的本性来。

有位禅师与一位小沙弥在庭院里散步，突然刮起了一阵大风，从树上落下了好多树叶。

禅师就弯下腰，将树叶一片片地捡了起来，放在口袋里。

站在一旁的小沙弥忍不住劝说道："师父！您老不要捡了，反正明天一大早，我们都会把它打扫干净的。您没必要这么辛苦的。"

鼎州禅师不以为然地说道："话不是你这样讲的，打扫叶子，难道就一定能扫干净吗？而我多捡一片，就会使地上多一分干净啊！而且我也不觉得辛苦呀！"

小沙弥又说道："师父，落叶这么多，您在前面捡，它后面又会落下来，那您要什么时候才能捡得完呢？"

鼎州禅师一边捡一边说道："树叶不光是落在地面上，它也落在我们心地上，我是在捡我心地上的落叶，这终有捡完的时候。"

小沙弥听后，终于懂得禅者的生活是什么。之后，他更是精进修行。

禅师的捡落叶，不如说是扫去心中的妄想烦恼。大地山河有多少落叶且不必去管它，而人心里的落叶则是捡一片少一片，"佛尘扫垢"，才能还自己一片清静。

人性中有喜、怒、哀、惧、爱、恶、欲七情，所以生活中会财、色、利、贪、懒等潜伏在我们的周围，像看不见的灰尘一样无孔不入。时间长了，不去清扫，人的心上就会积着厚厚的一层，灵智被蒙蔽了，善良被遮挡了，纯真亦不复见。

欲望就像那些尘埃，开始颗粒极小、极轻。起初，我们全然不觉它们的存在，比如一丝贪婪、一些自私、一点懒惰……这些意念，开始时像细微的尘灰，悄无声息地落在我们心灵的边角，而大多数的人并没注意，没去及时地清扫，结果越积越厚，直到有一天完全占满了内心，最后，满心都是贪念。

所以，在生命的过程中，也许我们无法躲避飘浮着的微尘，但千万不要忘记拂去，只有这样，我们才能不被七情六欲所害！所以王阳明告诫我们："六欲能把自性的珍宝盗去。所以要谨慎严守六根门头，以免珠宝被窃。"我们能时时清扫心灵的浮尘，欲念又怎么会占据我们的心灵呢？

❖ 跟王阳明学心学智慧

贪念也好，欲望也罢了，都是由小至大的，如落叶之轻，尘埃之微，刚落下来的时候难有感觉；但是存得久了，积得多了，麻烦也就来了，清理起来也就没那么容易了。

做人不为名利所累

名节是高山上挺立千年的松柏，名节是沧海边傲立数载的顽石。名节虽不耀眼，却持久，坚韧，流芳万代。纵然名节没有那功利的诱惑之魅，也能焕发出清新的色泽。然而，世间有不少人将利抛在一边，却将名存放于心，结果，名节亦成为被追逐、被抬高甚至被物化的对象，由此失去了应有的淡然雅致。

关于如何正确看待名节这个问题，王阳明是这样认为的："圣贤非无功业气节，但其循着这天理，则便是道，不可以事功气节名矣。"这段话的意思是：圣贤不是没有功业气节，他们只是遵循天理，这就是道以圣贤不是以功业气节而闻名的。在王阳明看来，那些具有真才实学的人根本不用所谓的功业气节来证明自己学问广博或者人品出众，他们比常人高出的境界主要在于能顺应天理，而这个天理就是我们常说的"道"。举个例子来说。

居里夫人名闻天下，一生获得各种奖章 16 枚，各种名誉头衔 107 个。可是她对此全不在意，并且把这些金质奖章给小女儿当玩具玩。友人问她原因时，她说："我就是想让孩子从小知道，名誉就像玩具一样，只能玩玩，不能看得太重，否则将会一事无成。"

"不可以事功气节名"，反映了王阳明的为人准则。他之所以如此藐视功名，并非是对功名本身的漠视，而是对追逐功名的行为非常鄙视。大凡获得名节的人，多是因为所做之事被他人肯定，名节是随之而来的。如果以名节本身为目标去拼命追逐，这就是一种认识和道德上的偏离。

有一个书生，非常崇拜晋人车胤借萤火虫看书的事迹，于是他自己也效仿古人弄了一大堆萤火虫放在屋子里以备读书的时候看，由此在村子里出了名，得到了不少人的尊敬。

一天早上，有同村的人去拜访他，想和这个书生探讨一下最近所学的心得，结果这个书生的家人告诉来访者说："他已经出门了，并不在家。"那个拜访者听了之后感到很诧异，就问："他既然在晚上借着萤火虫的光看书能够学一个通宵，为什么在大白天不读书而跑出去干别的事情呢？"家里人无奈地告诉来访者："书生出去不是干别的，而是去抓萤火虫，一去就是一整天，到晚上才能回来。"

车胤借萤火虫的光去看书，完全是家贫所致，因此他的夜读是真用功，求真知。而上面故事中的书生抓萤火虫，纯粹是为了贪图车胤勤学苦读的名声而耽误了大好时光，这就是本末倒置和虚伪的表现，尽管勉强给自己争得到了一点"名"，然而时间一长难免露出马脚。这种通过投机的方式来哗众取宠的名声，其寿命也不会太长，很快就会被人遗忘。

春秋时期，楚国和宋国之间发生了战争。宋国国君宋襄公素以"仁义"著称，他出征的时候，特意带了一面绣有"仁义"二字的大旗，并对部下说："我这次带领仁义之师，一定会打败楚国的不义之兵。"

两军交战，楚军渡河，部下对宋襄公说："等楚军渡河一半的时候，我们就冲杀过去，一定会大获全胜。"

宋襄公指着"仁义"大旗说："我们是仁义之师，自然要行仁义之事，怎么能乘人之危呢？"

等楚军渡过河，在岸边布阵，部下又对宋襄公说："现在楚军阵形不整，我们冲锋过去，楚军一定会乱。"宋襄公一听这话，气得骂道："你这个人怎么这么阴险，楚军还没有布好阵，我们现在就冲过去，那不是一件很丢脸的事情吗？别忘了，我们是仁义之师，要行仁义之事。"

过了一会，楚军冲了过来，宋军不敌，溃败而逃，宋襄公在这名部下拼死保护之下才得以杀出重围。经过这一战，宋国势力大衰，逐渐退出了历史的舞台。

宋襄公之前因为帮助齐王复位，因此被天下人称为"仁义"，然而，这个荣誉却毁了宋襄公的一生。因为他一心想要维护这个名，所作所为也是围绕这个“名”，即使是在战争中。他为名所累，为名而失败，因此受到了天下人的耻笑。

王阳明告诫大家不要为“名”所累，他本人也是这样做的。

王阳明生前获得了无数封号：政治家、思想家、军事家……不过，王阳明却丝毫没有因为自己受到那么多人的追捧而变得骄傲自满，相反仍然以谦虚和谨慎的作为行走于世。从他的个人履历来看，他虽然曾经参加过几次科举考试但是这并不意味着王阳明考取的是“功名”，其实他考取的是“实现理想的平台”。在他第一次参加科举考试失败之后，王阳明说他感觉有些难受，不过这种难受不是因为他落榜而是不能为国家效力。由此可见，王阳明的政治生涯只是为了实现报国安天下的理想，而绝非为自己谋取私利。支持他做出这一切行为的动力就是他心中时刻不忘的“道”——对人生目标的追求和坚守。

古语有云：“声名，谤之媒也。”这句话点明了“虚名”的害处，然而生活中却有很多人对此贪恋不已。人生如此短暂，需要做的事情实在太多，为这么一点点虚无缥缈的东西耗尽自己的精力实在可叹可惜。

❖ 跟王阳明学心学智慧

人要想活得洒脱一点、通透一点、自在一点，不如把名节、名声、名望这些东西全部放在脚下，轻装上阵去生活才能活出轻松的人生，不然将提前步入到老态龙钟的暮年时光。一张没有皱纹的脸上写满了沧桑，这才是人生最大的悲哀。

不要放纵自己的欲望

世界本是一个大游乐园，不仅孩童游戏其中，就连大人们也不能“免俗”。一些东西琳琅满目地遍布在我们的生活中，看起来是如此华丽多彩。殊不知，一个个的背后都是无尽的沟壑，只要被吸引住了就很容易陷进去，逐渐迷失自我，最后稀里糊涂地葬送了理想、修养乃至道德底线。可见，无止境的欲望最终会吞没一个人的良知，只有戒掉对物欲的迷恋和追逐，才能通向“悟道”的境界。

如何正确地面对欲望，这是一个深刻的人生修行课题。王阳明曾经说过：“喜怒哀乐，本体自是中和的。才自家着些意思，便过不及，便是私。”这句话的意思是：喜、怒、哀、乐，本体原为中和。自己一旦有了别的想法，稍有过分或达不到，便成了私欲。从王阳明的这番话中，我们可以领悟到这样一个道理：当一个人的心不受欲望控制的时候，喜、怒、哀、乐之间不会存在多大的差别。因此，克制欲望最好的办法就是避免欲望的诱惑，感恩生活，让自己对需求的满足产生发自内心的惬意。

俄罗斯伟大的诗人普希金曾经写了一个名字叫《渔夫和金鱼的故事》。其中反应的就是贪欲害人的哲理。

大海边住着一对老夫妻，他们非常贫穷，靠打渔为生。有一天，老头儿出海打渔，竟然从海里捞上来一条金色的鱼。金鱼说：“老爷爷，放了我吧，为了报答你，我可以给你任何东西。”老头儿非常善良，什么也没要，就把金鱼放回了海里。

老头儿回家后和老太婆说起此事，老太婆指着老头儿就骂：“你这个傻瓜，真是个老糊涂，不敢拿金鱼的报酬！哪怕要只木盆也好，我们那只已经破得不成样啦。”于是，老头儿就走到海边喊金鱼，说：“老婆子说，想要一个新木盆，你就给我一个新木盆吧。”于是，老头儿家里多了一个新木盆。

老太婆发现原来金鱼是说真的，暗怪自己太傻，居然只要了一个木盆，于是又催着老头儿去要一栋房子，结果金鱼又答应了他们的要求。老太婆要了房子后，还觉得不满意，她不愿意干活了，想当一个世袭的贵妇。金鱼满足了她的愿望后，老太婆又想当自由自在的女皇，金鱼虽然有些不满，但还是满足了她的要求。

老太婆当了一段时间的女王后，还是不满足，她相当海的女王，这样就可以随时使唤金鱼了。老头儿被迫无奈，再一次来到海边祈求金鱼。金鱼听了他的要求后，没有说话便游回了大海的深处。老头儿站在海边久久地等待回答，可是没有等到，他只得回去见老太婆。一看：他前面依旧是那间破棚，他的老太婆坐在门槛上，她前面还是那只破木盆。

老夫妻二人原本很穷，是金鱼一次次地给予他们高质量的生活，然而他们还是不满足，一次次地提出过分的要求，最终金鱼收回了赠与他们的东西，于是老夫妻又回到了以前贫穷的日子。普希金写这个故事，是为了告诫人们，不可以太贪得无厌，要学会知足常乐。

王阳明告诫人们不要贪婪，他本人也是这样做的。

王阳明一生对朝廷的各种安排都能随遇而安，因为他原本就没有什么当官的欲望，只有为民造福的理想。来到龙山后，他就和当地人民打成一片，种菜种粮唱山歌；平反后让他当庐陵县令，他就心甘情愿地做父母官，促进地方繁荣发展；征讨朱宸濠有功却没有得到封赏，他就去南昌一边读书一边讲学会友修炼心性……王阳明乐得自在，因为他没什么欲望，他有的只是需要，是任何时候任何情境中都能满足的需要，所以他总是笑容满面。

欲望这东西就是一张大额度的信用卡，透支给你的不仅是超前消费的快乐，更是你下个月面临账单日的愁眉苦脸。有些人看透了这东西，所以能理性地生活，能够控制住自己的欲望，不会给自己找麻烦找烦恼；而有些人就稀里糊涂地上了贼船，在获取了短暂快乐的同时换来了长久的烦恼，到最后，还为此感叹人生苦短。

❖ 跟王阳明学心学智慧

这种活法就等于把自己卖给了欲望，没卖了多少钱不说，还乐不思蜀地享受着自己被自己变卖的命运，这才叫本末倒置。

拒绝沉溺于声色货利

人生在世，总有孽障困扰其心，归纳起来，无非四个字：声色货利。声是指歌舞，色是指美色，货是指金钱，利是指私利，这四样外物皆是人们欲望中最经常去追求的东西，也就被称为欲望的象征。来世间走一遭，倘若心中无半点欲望自然违背人性，但若沉溺其中，就会让人彻底沦为欲望的奴隶。以趺撞之姿行走，以贪婪之心苟活，因为身上背负了过于沉重的负担，心中便不得清静，自然也难成大事。

曾经有一位学生就声色货利这一话题向王阳明求教。他说："良知恐怕也存在于声色货利之中，这种观点对吗？"

王阳明回答说："固然。但初学用功，却须扫除荡漾，勿使留积，则适然来遇，始不为累，自然顺而应之。良知只在声色货利上用功，能致得良知，精精明明，毫发无蔽，则声色货利之交，无非天则流行矣。"

王阳明讲的这段话的意思是：初学用功时，对自己的内心必须进行扫除荡涤，使它臻于清静澄明的境界，不要让自己的心陷入声色货利之中，它们来了既不欢迎，去了也不留恋、惋惜，这样，才能以坦然的心情来对待所遇到的各种事物，才不会成为心灵上的负担，自然就会依顺自己本来的智慧去应对。

王阳明讲这段话是想让弟子明白一个道理：良知也许会存在于声色货利中，但这不是你沉溺于此的理由。人生在世，需要保持一种不动心性的状态，不因声色货利这些外物而动心。因为这是一个人想要取得成功的必经之途，也是一个人思想意志的中流砥柱。如果一个人失去了对声色货利的免疫力，轻则迷乱心性，重则丧失性命。

有一个人无意中得到一张藏宝图，图纸上面标明了在某个深山老林里埋着宝藏。于是，这个人就带着工具和口袋前去寻宝。

当他来到那片树林里的时候，费尽周折终于找到了第一个藏宝之地，那里满屋子都是金币，这个人把所有的金币都装进了口袋。当他离开的时候，忽然发现门上有一行字："知足常乐，适可而止。"

这个人笑了笑，根本没当回事，接着又扛着袋子来到第二个藏宝地。出现在他眼前的是成堆的金条，于是他又将这些金条放进了袋子。在他离开之际，忽然发现门上写着一行字："放弃下一个屋子中的宝物，你会得到更珍贵的东西。"

这个人还是不当回事，来到了第三个藏宝地，发现里面有很多的钻石。忽然，他看见在这堆钻石的下面有一个小门，心想里面肯定藏着更值钱的东西。然而当他跳下去的时候才发现里面是一大片流沙，很快他就被这些流沙吞没了。他口袋里的那些金币、金条和钻石，最终都和他一起长埋在了流沙之下。

故事中的人如果在发现警示之后马上离开，那么他回到家里之后就会变成一个名副其实的富翁。然而，他却不能在声色货利面前保持淡定，结果因为贪婪而失去了所有的财宝甚至是生命。

王阳明从步入仕途开始就经受了行贿受贿和贪污腐化，然而他却始终能够坚持奉公守法的为官准则。此外，他在面对毁谤、攻击和各种冷嘲热讽的时候也能做到不为所动。他在讲到知行合一时，曾经提到了"静虑息欲致良知"这句话，意思是当人们感到整日为声色货利而感到疲倦的时候，只要找个没人的清静地方闭上眼睛享受一会儿无欲无求的状态，就能够打开潜藏的心眼去看清内心存在的世界。于是，原本缠绕在肉体之躯和世俗之心上的疲倦和贪婪就会渐渐消退，随之而来的是一种祥和与安宁，甚至可能是悟道。从这句话我们可以发现，王阳明很清楚在一个充满着声色货利群魔乱舞的社会中，想要让内心时刻保持安宁并不容易，但正因为困难，人才更应该迫切地追求这种境界，这样才能超越普通人到达辉煌的顶点。

在人生的修行中，要做到心如止水但并非是做到心如死水。王阳明所追求的平静只是一种暂时的、相对而言的状态，在平静的心境之下也可以翻涌着波浪滔滔，就像我们经常提到的黎明前的黑暗似的，在最平淡的事物中往往会蕴藏着最为激烈的变革。因此，只要一个人能够在这种平静中感受新的层次提升，就能打开一条通往内心深处的大门。很多时候，欲望和人是直系血亲，所以人们在这世界上不容易安下心的主要原因在于放纵自己的欲望。

❖ 跟王阳明学心学智慧

俄国大作家列夫·托尔斯泰曾经说过："欲望越小，人生就越幸福。"的确，只有扫除声色货利的阻碍，人才能以纯明的良知做人行事，才能免去那么多烦恼和痛苦。

让名利得失如清风过耳

太史公《货殖列传》中言："天下熙熙皆为利来，天下攘攘皆为利往。"名利，这是很多人追求的人生目标，正是因为有名利的存在，才使得人甘愿冒冬寒夏热之苦，赴火海刀山之险。也正因为如此，很多人将争名夺利看做是人生的常态了。

对于名利这两个字，王阳明是怎么看的呢？

在平定宁王朱宸濠的叛乱中，王阳明立下了大功，得到了朝廷的奖励，加官晋爵自然是免不了的。得知老师有这样的鸿运之后，弟子们纷纷前来道贺。然而，面对一群为自己高兴的子弟，王阳明却并没有自鸣得意，他幽幽地说："一切得丧荣辱，真如飘风之过耳，奚足以动吾一念？今日虽成此事功，亦不过一时良知之应迹，过眼便为浮云，已忘之矣！"

这段话是什么意思呢？就是说兴衰荣辱、名利得失，在他看来都如清风一样，转瞬间就从身边掠过，不会让他的心泛起丝毫的涟漪。虽然建功立业，成一时之名，但那也不过是内心良知作用在外物中，过眼就如云烟般消散，早已不会再记挂。

从这番话中，我们能够看出王阳明的心志。他非但不认为争名夺利是人生常态，反而将名利看做是过眼云烟。在他看来，人是应该淡泊名利的。

王阳明的话，虽已过数百年却值得我们思索。从这段话中，我们不难理解为什么他能够被称为“圣人”了。在王阳明这段话中，我们能够品味到两个字——淡泊。在王阳明看来，看淡功名利禄，无视个人荣辱，这才是人应该有的境界。

然而世间人能够看清这一点的毕竟是少数，世人多是挣脱不开名利的羁绊，为了这两个字终生忙碌，为之喜怒哀愁、辗转反侧。一个人没有名利时苦苦追求，等有了名利却又害怕失去，如此循环，把自己的一生就交付到了名利上面。然而争名夺利又如何？不过是误了生前事，毁了身后名。

因此，古今中外但凡是成大事之人，都是看淡名利的。他们只专注做好自己的分内事，淡定地过好自己的人生、至于名利，得之不以为喜，不得不以为忧，如此而已。

阿根廷有位著名的作家叫博尔赫斯。有一天，博尔赫斯在图书馆的同事捧着一本《大英百科全书》过来找他，对他嚷嚷道：“博尔赫斯，快来看啊，居然有个和你重名的阿根廷人上了百科全书。真巧，他也住在布宜诺斯艾利斯，看着岁数应该和你差不多吧，你看这照片，也和你很像，这真是太巧了。”

博尔赫斯看着这个大惊小怪的同事，微笑着对他说：“你说的这个人就是我！”

听到博尔赫斯这话，这名同事愣在了当场。他怎么也想不到，百科全书上面这个被称作“为整整一代伟大的拉美小说家开创了道路”的人，居然是面前这个平日里谦卑而低调的糟老头。

博尔赫斯这个经历堪称是一个经典的笑话，我们在笑这名不谙世事的同事有眼无珠的同时，也应该想到另一个方面：博尔赫斯该是一个多么淡泊的人啊！以至于每天和他在一起工作的人都不知道他是影响整个拉丁美洲乃至于世界文坛的大文豪。

多有成就的大人物，都有着同样的人生态度。我们必须相信，正是因为淡泊，不务虚名虚利，才使得博尔赫斯能够在一个安静的环境中潜心创作，而也只有如此淡泊的人，才能在取得成就之后，获得别人由衷的钦佩和尊敬。

《大学》中说："知止而后有定，定而后能静，静而后能安，安而后能虑，虑而后能得。"一个人，若想真真正正地做出一番令人叹为观止的成就来，首先要做的就是让自己的心静下来。

王阳明告诫人们要淡泊名利，现实中他也是这样做的。在王阳明的一生中，除了平定宁王之乱，还经历好几次大的起落，然而无论是在人生的高峰，还是处于境遇的低谷，王阳明始终能够泰然处之。原因何在？就是因为他能够淡泊名利，能够让自己的心静下来。心静了，欲望自然而然也就没了，不会为得到名利而自傲，自然也不会因为失去名利而悲伤，如此才算是真正地掌握了自己的人生。

作为后来者，王阳明的所作所为我们虽身不能至，但心却应该向往之。以王阳明淡泊的人生态度作为自己的人生态度，以王阳明看轻名利的所作所为来要求自己，我们虽不能成为像王阳明一样的人，但至少会让生活因此而变得安宁，让人生变得更有真意。

❖ 跟王阳明学心学智慧

诸葛亮云："非淡泊无以明志，非宁静无以致远"。一个人，只有抛开内心种种的杂念，才能不为外物所扰，而只有不为外物所扰，才能让自己的心静下来。

修得“不动心”的境界

王阳明认为，一个有抱负、有修养的人学习的根本目的在于提升自己。面对外来的各种毁誉荣辱，不但不要被它们影响自己内心的安定，而且要将它们作为磨炼自己的品性、提升自己素质的工具，要以一种坦然自若的心情去对待，达到不动心的境界，以获得悠游自在的人生。

王阳明曾在平定叛乱后，看见世风日下感慨道：“破山中贼易，破心中贼难。”心中之贼便是“私欲”，“私欲”是一切万恶的源头，他认为一个人持有什么样的心态，就可能成为什么样的人，也就能够拥有一个什么样的人生。

世间的事，纷至沓来，只有做到不动心，才能得到真正超然物外的洒脱。王阳明认为，心的本体，原本就是不动的二心不动，即便有三千烦恼丝缠身，亦能恬静自如。这就好比同样多的事情，有人为世事所叨扰，忙得焦头烂额，有人却能泰然自若地悉数处理完毕。生活的智者总是懂得在忙碌的生活之外，存一颗闲静淡泊之心，寄寓灵魂。后者虽因忙碌而身体劳累，却因为时时有着一颗清静、洒脱而无求的心，便很容易能找到自己的快乐。

苏轼是宋代名士，有很深的文学造诣，他的思想兼容了儒释道三家。虽如此，但关于生命哲理的阐释，有时候他也不能真正领悟到心定的感觉。

苏轼被贬谪到江北瓜洲时，和金山寺的和尚佛印相交甚多，常常在一起参禅礼佛，谈经论道，成为非常好的朋友。

一天，苏轼作了一首五言诗：稽首天中天，毫光照大千；八风吹不动，端坐紫金莲。作完之后，他再三吟诵，觉得其中含义深刻，颇得禅家智慧之大成。苏轼觉得佛印看到这首诗一定会大为赞赏，于是很想立刻把这首诗交给佛印，但苦于公务缠身，只好派了一个小书童将诗稿送过江去请佛印品鉴。

书童说明来意之后将诗稿交给了佛印禅师，佛印看过之后，微微一笑，提笔在原稿的背面写了几个字，然后让书童带回。

苏轼满心欢喜地打开了信封，却先惊后怒。原来佛印只在诗稿背面写了两个字："狗屁！"苏轼既生气又不解，坐立不安，索性搁下手中的事情，吩咐书童备船再次过江。

哪知苏轼的船刚刚靠岸，却见佛印禅师已经在岸边等候多时。苏轼怒不可遏地对佛印说："和尚，你我相交甚好，为何要这般侮辱我呢？"

佛印笑吟吟地说："此话怎讲？我怎么会侮辱居士呢？"

苏轼将诗稿拿出来，指着背面的"狗屁"二字给佛印着，质问原因。

佛印接过来，指着苏轼的诗问道："居士不是自称'八风吹不动'吗？那怎么一个'屁'就过江来了呢？"

苏轼顿时明白了佛印的意思，满脸羞愧，不知如何作答。

身在人世操劳一生，却能心安身安，这着实是一件不容易实现的事。这需要我们转换对生活的态度，持一颗清静的心，不生是非分别，不起憎爱怨亲，这样就能够安稳如山，自在如风。

世上本无事，庸人自扰之。王阳明说人人都具有心力，大凡终日烦恼的人，实际并不是遭遇了多大的不幸，而是自己的内心对生活存在着片面性，心无力而已。真正聪明的人即使处在烦恼的环境中，也能够自己寻找快乐。

❖ 跟王阳明学心学智慧

在忙碌、纷扰的生活外保持一颗清静的心，这是每一个人必须谨记在心的真理。心中有青山，就算是忙，也永远是"气定神闲的忙"。

第八辑
心怀孝心，以孝安家以敬立人

每个人都是父母所生，所以对待长辈的态度如何是一个不朽的话题。孝道也为中国历代先贤所推崇，王阳明也不例外，他提出“以孝安家，以敬立人”。王阳明把心怀孝心看成是“安家、立人”的根本，他的观点用于当下也有巨大意义。

孝顺父母就在当下

在生活中常有人会说：等以后长大了，让父母吃好住好；等以后我有钱了，会让父母过好日子；等以后我有能力了，再给他们需要的；等以后，我事业发达了再让他们风光……其实，孝顺父母何必要等“以后”呢？尽孝不要等到我们拥有足够的荣光之时，人的一生难免有很多缺憾，其中最大的可能莫过于“子欲养而亲不待”。当有一天我们蓦然发现，父母已两鬓斑白，此时才孝敬他们，我们会错过无数时机。甚至当双亲已离你远去，才翻然悔悟，却已尽孝无门，这将成为永远无法弥补的憾事。

王阳明认为，致良知必须要讲孝道。对于母亲早逝，他没能奉养，祖母，未及一见，王阳明深感伤痛并一直自责于心。

王阳明主张知行合一，强调孝也要知行合一：“就如某人知孝，某人知弟，必是此人已曾行孝行弟，方可称他知孝知弟气他强调孝要及时的行动，将知和行紧密结合起来。孝，经不起等待。生时如果不养父母，死后万事皆空。”

春秋时，孔子和弟子们出去游玩，忽然听到路边有人在啼哭，就上前去看怎么回事，啼哭的人叫皋鱼，皋鱼解释了他啼哭的原因：“我年轻时好学上进，为了求学曾经游历各国，等我回来时父母却已经双双故去。作为儿子，当初父母需要侍奉的时候我却不在身边，这好像‘树欲静而风不止’；如今我想要侍奉父母，父母却已经不在了。父母虽然已经亡故，但他们的恩情难忘，想到这些，内心悲痛，所以痛哭。”

很多人总在说，等到有钱和时间了，一定要好好孝敬父母。子女可以等待，但父母不能等待。在不经意间，父母渐渐变老。花点时间多陪陪父母，父母们没有太多的要求，只是想多让你陪陪。否则当你挚爱的亲人离你而去，你在脑海中回想他们以往对你如何嘘寒问暖、呵护备至，你却只顾着打拼自我天地，忽略了关爱他们，让他们在守望你的寂寞中落寞而去。你的悔、你的痛，成为你一生最深刻的烙印，任岁月无情也抹杀不去。

北魏时，房景伯担任清河郡太守。一天，有个老妇人到官府控告儿子不孝，回家后，房景伯跟母亲崔氏谈起这事，并说准备对那个不孝子治罪。崔氏是一个知书达理、颇有头脑的人，她得知情况后，说道："普通人家子弟没有受过教育，不知孝道，不必过分责怪他们，这事就交给我来处理好了。"

第二天，崔氏派人将老妇人和儿子接到家里，崔氏对不孝子一句责备的话也没说。崔氏每天同老妇人同床睡眠，一同进餐，让不孝子站在堂下，观看房景伯是怎样侍候两位老人的。不到十天，不孝子羞愧难当，承认自己错了，请求与母亲一起回家。崔氏背后对房景伯说："这人虽然表面上感到羞愧，内心并没有真正悔改。姑且再让他住些日子。"

又过了二十几天，不孝子为房景伯的孝顺深深打动，真正有了悔改的诚意，不断向崔氏磕头，答应一定痛改前非，老妇人也替儿子说情，这时崔氏才同意他们母子回家。后来这个不孝子果然成了乡里远近闻名的孝子。

崔氏很聪明，她相信每个人心中都有孝心。她无所为而为，以身教代替言传，让他心中蛰伏的孝心能在外面的触动之下得以彰显。

父母生孩子不易，养孩子更不易，付出的辛苦是没有当过父母的人难以理解的。古时候父母亡故，做子女的要服丧三年，这是对自己刚出生时父母耐心守候的报答。所以，孝敬父母是每个人都应该奉行的，无论是过去还是现在。

中国有首名为《劝孝歌》的古诗："人不孝其亲，不如禽与兽。"语言虽然很直白，但是却有丰富的内涵，一个人不论他出身于什么样的家庭，也不论他将来的地位有多大的变化，只要他的父母还健在，那么他就有尽孝道的义务，这也是人之所以为人的根本。试想一下，我们的父母养育我们多年，如果等到老了却享受不到应有的亲情，会多么寒心。

其实，王阳明就是一个至孝之人。

王阳明三十二岁的时候，因病移居西湖，往来于南屏、虎跑寺庙，见一僧人封闭于龛内打坐、诵经、念佛有三年之久，也不说话，像呆了一样。一日，王阳明就朝僧人大喊起来，僧人大吃一惊，和王阳明攀谈起来。王阳明问了他家庭的一些情况，僧人说家里还有老母亲。王阳明又询问其是否不起俗念。僧人答曰："没法不念"。王阳明听了，就给僧人讲爱父母和人本性的道理，僧人感动落泪，并离开寺庙回去奉养老母亲。

无论何时何地，无论贫穷富有，孝由心生，不由外物。《孝经》云："用天之道，分地之利，谨身节用，以养父母，此庶人之孝也。故自天子至于庶人，孝无终始，而患不及者，未之有也。"

在王阳明看来，良知一开始便蕴涵着情感之维："良知只是个是非之心，是非只是个好恶，只好恶就尽了是非，只是非就尽了万事万变。"良知的好恶情感形成了行善的动因。当学生徐爱问王阳明如何通过服侍父母等孝道而求得孝的道理时，王阳明认为关键出自忠诚的孝心。只有出自真心，行为才具有真实性，光是一点行孝的表面文章，而不把爱树立起来，那就不是真孝。

❖ 跟王阳明学心学智慧

孝顺是发自内心，由衷而出的。孝不仅仅是形式，更重要的是在于内心。一个人总强调正已，而正己的伊始要从回馈父母开始，孝为百德的先行。

让父母无忧是大孝

在这个世界上，最伟大的爱莫过于父母之爱，最伟大的情莫过于父母的恩情。在父母眼中，儿女是他们的心头肉，儿女的幸福是他们最大的幸福。能够让父母不为我们担忧，这就是孝。

学生傅凤想要早点考取功名，以摆脱贫困的家境，更好地奉养父母，于是不眠不休地学习，却因劳累过度而病倒了。王阳明批评他的这种做法并不是孝顺，傅凤留下了悔恨的泪水，并向王阳明请教："我如何才能够修正这种不孝的行为呢？"

王阳明回答说："保养好你的身体，爱惜你的生命；端正你对父母的感情，不要辱没了父母对你的期望；尽心尽责地做好你该做的事情，不要有得失之心，平心静气地生活，心不要被外物所左右，这样你就能避免陷入不孝的处境。"

在王阳明看来，家贫亲老而不为禄仕，固然不得为孝，但欲求禄仕以成疾，使父母伤心悲苦，牵肠挂肚，这又怎么谈得上孝呢？由此可见，为人子女者，在生活上不让父母担忧，不让父母伤心悲苦，这就是对行孝最起码的要求。

孟武伯向孔子讨教关于孝的含义。孔子答："父母唯其疾之忧。"意思是，由于疾病不受人控制，因此子女如果能常常以谨慎持身，使父母只忧虑子女的疾病，而没有别的东西可忧虑，这就是孝。然而现实社会中，有些人能自理自立，却还是让父母整天为他担惊受怕，这便是不孝。

在一个关着犯人的牢房里，犯人们聚在一起看书闲聊。

一名犯人指着书中的珠宝图说："我母亲没有一件像样的首饰，如果她戴上这些首饰一定会很高兴。"

另一名犯人指着上面的房屋说："我家的房子又破又旧，每到下雨就漏，我母亲如果有这么一间漂亮的房子她该多高兴啊。"

第三个犯人指着上面的马车说："我真想给母亲买一辆马车，以后她来看我的时候就不用走那么远的路了。"

书最后传到一个犯人的手中，他拿着看了很长时间，看着上面的珠宝、房子、汽车……他沉思了许久后，流着泪说："我们从一出生就让母亲操心劳神，直到长大了，本该回报母亲的养育之恩，却由于我们的错误让母亲更加为我们操劳。我们都是母亲牵挂的根源，更是母亲幸福的寄托。我们的一言一行、一举一动都连着母亲的心，我们是母亲心中永远的痛。母亲的付出，不是为了得到珠宝、房子、马车这些物质上的回报，因为在她们心里最大的幸福莫过于自己的儿子是一个正直的、对社会有贡献的人。如果我们的母亲有一个好儿子就好了！”

这时，所有的人都低下了头。

俗语说：“儿行千里母担忧。”无论儿女多大了，都永远是父母心中的牵挂。子女离家的时候，父母心里总是充满牵挂，分别总是令他们黯然神伤。他们会担心子女在外面是否吃饱穿暖，是否受人欺负，是否会误入歧途等，因此才有了这句“父母唯其疾之忧”。然而古往今来，又有多少人能做到让父母无忧呢？因此，王阳明才会告诫人们：“行孝，首先要使父母无忧。”

❖ 跟王阳明学心学智慧

对于父母来说，他们最想要的不是珠宝、房子等这些外在的东西，而是除了疾病，他们可以不必为儿女的衣、食、住、行等担忧。

孝顺不是简单的供养

孔子曰：“今之孝者，是谓能养，至于犬马皆能有养：不敬，何以别乎？”其意是，现在的所谓孝，并非能够养活父母便行了。狗马也要饲养，如果对父母不是从心底里敬爱，那养活父母和饲养马又怎样区别呢？孝不能仅仅满足供养父母，更主要的是要在内心里敬爱父母。

王阳明曾与一个名叫杨茂的聋哑人用笔进行交谈：

（王）问：“你口不能言是非，你耳不能听是非，你心还能知是非否？”

（杨）答：“知是非。”

（王感慨）：“如此，你口虽不如人，你耳虽不如人，你心还与人一般。”

（杨）首肯，拱谢。

“大凡人只是此心。此心若能存天理，是个圣贤的心，口虽不能言耳虽不能听，也是个不能言不能听的圣贤。你如今于父母，但尽你心的孝；于兄长，但尽你心的敬。”

（杨）首肯，拜谢。

“我如今教你，但终日行你的心，不消口里说；但终日听你的心，不消耳里听。”

（杨）顿首再拜。

王阳明向杨茂指出，人人都有一颗知是非的心，如看见父母自然知孝，看见兄长自然知敬的道德行为。即使是聋哑人，口虽然不能表达，耳虽然不能聆听，但心与常人是一样的，能知善知恶、辨别是非。这就是因为人心都有良知，无须口说，也无须耳听，只要用心去行就可以了。

在中国，对父母及老年人的孝养一直是个大问题，这也正是中国古代圣贤格外重视孝道的原因。在王阳明生活的那个年代有许多道德的约束，尚有许多人不懂得孝的真实含义，更不用说在当今社会了。

能在生活中供养只是一半的孝，真正的孝是发自内心的那份真诚。只有心里时时想着孝，并努力践行，这才是真正的孝。

有一个财主有两个儿子，大儿子愚笨，不讨人喜欢，小儿子聪明伶俐，于是财主就尽心培养小儿子。两个儿子逐渐长大了，大儿子一直在家里陪着父母，小儿子因为颇有才华，被父亲送到县城读书。

小儿子果然不负众望，考取了功名，一家人欢天喜地，两位老人也准备收拾行李，和小儿子一起到新地方开始生活。本来小儿子不想带着父母，但是想到兄长愚钝，就勉为其难地带上了两个老人家。

到了就职的地方之后，小儿子给父母选了一间房子，安排了一个奴婢，从此就消失了。两位老人看不见他的人影，生病了也只能使唤下人去找大夫。虽然在这里不愁吃穿，但是两个老人心里很难过。

一年以后，大儿子带着家乡的特产过来看弟弟，一见到老人，就难过地哭了——一年不见，父母老了许多。虽然大儿子很笨拙，但是很心疼父母，他决定带着父母回家生活，父母想到自己以前和大儿子生活在一起的时候，从来没有把他当回事，端茶倒水像下人一样使唤，但是他从来没有生气，反倒是乐呵呵地照顾自己，不禁也流下了眼泪。就这样，笨哥哥又带着老人回到乡下去了，小儿子想不明白，为什么父母不跟着自己这样有头有脸的儿子，却要和那笨人一起生活。

其实，感动老财主的正是大儿子的一颗孝心。只有让父母感受到儿女的孝心，他们才会觉得幸福，孝绝不仅仅是能够保证父母衣食无忧，父母更希望得到的孝顺，他们希望儿女能常回家看看。能养不是孝，有孝顺的心才能算作孝。

那么，什么才是孝呢？老有所养就是孝道吗？不是！孔子的弟子子游曾问孝于孔子："为人子女，应该如何做才算尽孝？"孔子回道："今之孝者，是谓能养；至于犬马，皆能有养，不敬，何以别乎？"儒家重视孝道，孔子讲学时一再提倡孝，所以他的弟子们常常要彻底追究"孝"的意义。孔子回答的这段话，也可让我们了解那个时代一些子女对父母的态度——认为供给父母生活所需，让父母吃饱穿暖就是孝顺。所以孔子一再提醒大家，对待父母还要有一份敬重心。所以证严法师说："如果子女只像养牛养马一样，供给父母吃穿住而不由内心恭敬尊重，那为人父母的是何等可怜啊！"

❖ 跟王阳明学心学智慧

有人认为孝顺父母就是能奉养父母，这种对孝道的认识是错误的，对待长辈仅仅奉养还不够，还需要有顺从，有恭敬之心。

孝行是对父母最好的孝顺

父母给予我们生命，为哺育我们成人付出了常人无法比拟的爱，受尽了千辛万苦，这种恩情比天高比海深。我们应该怎样做才能回报父母的生养之恩呢？

在中国人的眼中，孝是一切美德的基础，是一切事业的起点，不孝者不成大事。

王阳明提倡以良知为本的孝道观。他认为万事万物的本源是良知。有了良知之心，自然会发自内心地孝顺父母。良知一旦被蒙蔽，孝顺就仅仅只是形式上的孝道，出自内心忠诚的孝。要孝敬父母，不能光有外表的花哨言行，还必须有真正付诸行动的爱。

汉文帝时期，在临淄这个地方出了一个很有名的人，她就是勇于救父的淳于缇萦。

淳于缇萦的父亲叫淳于意，本来是个读书人，但是非常喜欢医学，还经常给别人看病，所以在当地出了名。后来他做了太仓令，但是他为人耿直，不愿意跟做官的来往，也不会拍上司的马屁，所以在官场上很不得意，没有多久就辞职当起医生来了。

一次，淳于意被一位商人请去为他的妻子看病，结果没有好转，反而在几天之后死了。商人仗势欺人，到官府告了淳于意一状，说他看错了病，致人死亡。

当地的官吏也没有认真审理，就判处他“肉刑”（当时，肉刑有脸上刺字、割鼻子、砍左足或右足等），要把他押解到长安去受刑。

除了小女儿淳于缇萦之外，淳于意还有四个女儿，没有儿子。在他被解去长安去受刑的时候，他望着女儿们叹气说：“可惜我没有儿子，全是女儿，遇到现在这样的急难，一个有用的也没有。”

听到父亲的话，淳于缇萦又悲伤又气愤。她想：“为什么女儿就没有用呢？”当衙役要把父亲带出家门时，她拦住衙役说：“父亲平时最疼我，他年龄大了，带着刑具走不太方便，我要随身照顾他。另外，我父亲遭到不白之冤，我要去京城申诉，请你们行行好，让我和你们一起去吧。”

衙役们见小姑娘一片孝心，就答应了她。当时正值盛夏，天气反复无常，时而雨水涟涟，时而天气晴朗。天晴时，淳于缇萦就跟在父亲旁边，不住地为父亲擦汗；遇上阴雨天，她就打开雨伞，以防父亲被雨水淋湿；晚上，淳于缇萦还要给父亲洗脚解乏。这一切深深地感动了押送淳于意的衙役。

经过二十多天的长途跋涉，他们终于来到了京城。履行完相关的手续之后，淳于意马上就被关进了牢房。淳于缇萦不顾疲劳，也马上开始四处奔走，为父亲喊冤。

可是，人们一看申诉的竟是个还未成年的小姑娘，便没有给予理睬。淳于缇萦想，要解决父亲的问题，只能直接上书皇上了。于是，她找来纸笔，请人帮忙将父亲蒙冤的经过一一写好，恳求皇上明察。同时她还表示，如果父亲真的犯了罪，她愿代父受刑。

第二天，淳于缇萦怀里揣着早已写好的信，来到皇宫前，就在那时，只见不远处尘土飞扬，马蹄声声，一辆飞驰的马车直奔皇宫而来。淳于缇萦心想："上面坐的一定是一位大臣。"她灵机一动，用双手举起书信，跪在马车前。

车上坐的是一位老者，他看到了小淳于缇萦，就俯下身来，关心地问："小姑娘，为什么在这儿拦住我的去路，难道有人欺负你了吗？"淳于缇萦就把父亲被抓的事情一五一十地告诉了这位大臣，并请求他把信带给皇上。

听小淳于缇萦说得那么诚挚恳切，这位大臣答应了她的要求。皇上读了这封信后，被深深地打动了，当他听说小淳于缇萦千里救父的事迹后，十分钦佩。之后，皇上亲自审理此案，并为淳于意洗清了不白之冤。

也许在年少的小淳于缇萦心中，根本就没有很明确的孝顺的概念，但是，她拥有一颗良知之心，正是这颗良知之心使她拥有一种最朴素的孝顺行为，时时事事都想着自己的父亲，都站在父亲的角度来考虑问题。

念父母生、养之恩，这是每个子女都应该做到的，报父母之恩，更是每个子女应尽的义务。"不慈不孝焉，斯恶之矣。"王阳明的孝道观讲孝悌是良知的一个表现，不慈不孝，这是良知被蒙蔽，由此产生恶。由知孝到行孝，是由良知到致良知的过程，也是知行合一观点所要求的。

《诗经》中说："哀哀父母，生我劬劳。"父母生养我们的时候，辛酸劳瘁，不是一般人所能想象的。作为儿女，若能真切体会父母的深恩重德，孝敬父母之心必会油然而生，随之付诸实践。若是有人不为父母对子女的爱无动于衷，这种人将很难得到安详幸福的家庭，也很难成就大业。

❖ 跟王阳明学心学智慧

其实，孝敬真的很简单，只要像爱自己一样爱父母、爱家人，并体现在日常的一些细小的行动上，就已经做到了孝顺。

以仁爱之心立世

在王阳明看来，仁爱的人把天地万物看做一个整体，如果有一物失常，就是自己的仁爱还有不完善的地方。

为了进一步阐述天地万物共为一体的道理，王阳明又说："禽兽与草木同是爱的，把草木去养禽兽，又忍得？人与禽兽同是爱的，宰禽兽以养亲与供祭祀、宴宾客，心又忍得？至亲与路人同是爱的，如食豆羹，得则生，不得则死，不能两全，宁救至亲，不救路人，心又忍得？"意思是说，人们既然同样喜爱动物与草木，怎么忍心拿草木去饲养禽兽呢？同样热爱人与禽兽，为什么忍心宰杀禽兽去供养父母、祭祀和招待宾客呢？对至亲的人与路人同样充满仁爱，但是如果只有一箪食、一豆羹，无法保全两方的性命，怎么能忍心只让至亲的人吃了活命，让路人饿死呢？

《论语》中记载樊迟问什么叫仁。孔子说，能够爱一切人就是仁。孔子所说的"一切人"，并不单指人类这一种生命，而泛指世界上的一切生命，这才是圣人的"仁"。由此可见，孔子的仁是建立在众生平等的基础上的，是没有半点私心的。

庄子《内篇·大宗师第六》中写道："有亲，非仁也。"就是说，只要带有一点私情，就已经够不上仁了。佛家讲慈悲平等，则是爱一切众生。仁慈是爱天下，没有私心。有所亲，有所偏爱，就不是仁的最高目的了。

有一个农夫的妻子去世了，农夫请无相禅师到家里来为他的亡妻诵经超度。佛事完毕以后，农夫问道："禅师，您认为我的妻子能从这次佛事中得到多少收益呢？"无相禅师如实回答道："佛法好像慈航，普度众生；

好像日光，遍照大地。不只是你的妻子可以得到利益，一切有情众生无不从中得益。”农夫听了有些不满意：“我就知道是这样的。可是我的妻子很娇弱，其他众生也许会占她便宜，把她的功德夺去。请您这次只单单为她诵经超度，不要回向其他众生，可以吗？”

无相禅师慨叹农夫的自私，但仍慈悲地开导道：“回向是好事情啊！你看，天上只有一个太阳，但万物皆蒙照耀。一粒种子可以生长万千果实。你应该用你的善心点燃这一支蜡烛，去引燃千千万万支的蜡烛，这样世间的光亮就会增加百千万倍，而且本身的这支蜡烛并不会因此而减少亮光。如果人人都能抱有这样的观念，那我们每一个人就会因千千万万人的回向而蒙受很多的功德，何乐而不为呢？故我们佛教徒应该平等地看待一切众生。”

农夫想了想，知道无法说服禅师，只好让步：“好吧，这个教义很好。但是，但是……”农夫吞吞吐吐地说道：“还是要请法师破个例，我有一位邻居，平日里总是欺侮我，如果能把他除去在一切有情众生之外就好了。”无相禅师忍不住以严厉的口吻说道：“既然是一切众生，哪里来的除外？”

佛法的功德在于普度众生，哪有为一人超度之理？在王阳明看来，圣人的心与天地万物为一体，他们看待天下的人，没有远近内外之别，凡是有生命的，都是兄弟儿女，都要教养他们，使他们安全，以实现自己与天地万物一体的信念，普通凡人的心原本同圣人的心并无差别，只是后来夹杂了私心，内心的良知渐渐被物欲所蒙蔽，以万物为一体的仁爱之心就变成了狭隘的私心；有了私心，就生出了爱与憎的情绪，就将万物分化开来。

❖ 跟王阳明学心学智慧

如果人们能够消除爱与憎的区分，把天地万物看做一个整体，爱一切人和事，就能恢复通透的良知，获得人生的成功与幸福。

行孝需要真诚的孝心

关于如何行孝，王阳明曾经说过一段话：“此心若无人欲，纯是天理，是个诚于孝亲的心，冬时自然思量父母的寒，便自要求个温的道理；夏时自然思量父母的热，便自要求个消的道理。这都是那诚孝的心发出来的条件，却是须有这诚孝的心，然后有这条件发出来。”这段话的意思是：如果一个人的心没有私欲，天理至纯，是颗诚恳孝敬父母的心，冬天自然会想到为父母防寒，会主动去掌握保暖的技巧；夏天自然会想到为父母消暑，会主动去掌握消暑的技巧。防寒消暑正是孝心的表现，但这颗心必是至诚至敬的。

王阳明一再强调做儿女的要有一颗诚于孝亲的心，为此他还打了个比方：“对一棵树来说，树根就是那颗诚恳孝敬的心，枝叶就是尽孝的许多细节。树，它必须先有根，而后才有枝叶。并非先找了枝叶，然后去种根。”由此可见，王阳明看重的不是拿什么去孝敬父母，而是孝敬父母的那颗诚心。如果没有一颗诚心，做不到表里如一，那就谈不上是在尽孝。

潮州有一个名叫黄保的人十分欣赏王阳明的才华，一直想找个机会亲自拜会一下他，但是因为自己年龄太大身体欠佳，于是就派自己的儿子黄梦星不远万里找到王阳明求学。在王阳明身边进修了一阵子之后，黄梦星就请假回家看望老父，在家中陪伴了他一阵子之后又回来继续上课。这样学了一段时间再如此反复。

王阳明对弟子长期两地奔波的行为感到不太理解，于是就问怎么回事。黄梦星回答说，他的父亲是一个崇尚圣贤之道的人，一直将王阳明视作一个有才学有德行的人，所以希望儿子能从他那儿学到点东西。为此，黄保还明确地告诉儿子，只要他能从王阳明那里学有所成，即使父亲晚年下葬的时候连口棺材都没有也一样心满意足。

黄梦星正是听了父亲的这番教导之后才千里迢迢地赶过来向王阳明学

习，所以在他每次回家之后都希望能多陪父亲一段时间。但是黄保每次都是早早给儿子准备好了行李和盘缠，指责儿子这么做根本不是在尽孝，因为他的志向被所谓的孝心埋没了。由此一来，黄梦星就很纠结，他只好在不违背父命和想要尽孝的夹缝中选择了两地奔波。

黄保这种教育孩子的方式，得到了王阳明的赞许，他也慨叹黄梦星是一个真正的孝子，因为他虔诚地听从了父亲的教诲，在没有让他失望的前提下尽孝修行两不误，做到了一般人做不到的事情。可见，在王阳明的心中，不违背父母之命的孝行是远远高于在身边侍奉父母的孝行，因为它体现了一种虔诚的服从态度，满足了父母的要求和期待。

天竺迦夷国里，有一对夫妇，志向清净，在山中修行，信乐空闲，只存一子，名叫“睒”。睒 10 岁时，老夫妇双双两目失明，幸睒至孝仁慈，昼夜奉侍父母。以茅为屋，以草为蓐，不寒不热，常得安适。众果香甘，泉水清凉，饮食不虞缺乏。日日群鸟作音乐声，诸兽慈心相向，并无相扰乱的意图。睒于天寒地冻时，常穿鹿皮衣提瓶取水，麋鹿众鸟亦往饮水，不彼此畏难。

有一天，国王入山射猎，见水边有一群鸟鹿，引弓而射，矢箭误中睒的胸部，他大叫一声，血流如注，命在旦夕。国王下马来到睒面前。睒说：“象因牙而死，犀因角而亡，鸟因翠毛而被捕，麋鹿为皮肉而被杀。我今因何而等死？”

国王大自悔责。睒又说：“此非国王的过失，是我自己宿业所致。我不惜自己身命，但怜我父母，年既衰老，两眼又盲！无所依靠，也当有个善养善终。我之所以懊恼，并不是为中箭流血而痛。”国王再三向睒悔过，宁愿奉养睒的父母，嘱咐他不要过虑！

国王一面嘱人看守，一面去寻找睒的父母。他们听说睒中箭，两人昏倒于地。国王便向前扶牵睒的父母，来到睒的身旁，见其已奄奄一息，父亲抱着他的脚，母亲抱着他的头，仰天大呼。母亲又用舌头舔舐他胸部的伤口，希望把毒吸入自己的口中而死，以身代子。睒胸中的毒血经母吮吸，睒便渐渐复活起来。父母惊喜，国王也非常高兴。

大家都认为这是佛陀庇佑的奇迹。国王就发誓不再射猎，左右从者数百人，踊跃奉持五戒十善。国王还命令国中所有目盲的父母，全部由国库供给衣食，令子女应尽晨昏定省的孝道，违者重罚。于是全国人民，因睒死而复生的缘故，互相劝勉，孝道盛行。

佛说："为父母者，皆深爱其子女，竭力教养，虽多诸苦难，乃至命亡，亦终不弃舍子女；故为子女者，应当孝顺父母，侍奉供养。父母即是家中活佛。若有不孝父母，已是大罪，若更违反父母诫教，则堕地狱无疑矣。"相反，奉行孝道，就像故事中的睒一样，反而会给自己带来福报。

❖ 跟王阳明学心学智慧

不违背父母之命的孝行是远远高于在身边侍奉父母的孝行，因为它体现了一种虔诚的服从态度，满足了父母的要求和期待。

讲孝道的家庭才和睦

任何一种花木，都要在肥沃的土壤中生长；任何一种良善，都要在谦和的孝行中培养。家庭好像一艘船，能够承载爱心，能够躲避风暴，能够抗拒海浪。孝行在，家庭的责任和关爱便在，家的幸福也才能持久。人生而有良知，见父母自然知孝，见到兄长自然知尊重……这些都是人性的闪光之处。有了孝行，家庭才能充满温暖，一个人的生命才能充满明媚的阳光。

关于孝行这一话题，王阳明曾经说过"善人也，而甚孝"这句话，意在点明孝行是人的一种本能行为，是致良知的一种体现，也是一个人生存必备的品质。王阳明曾经引用过《论语》中的一句话："其为人也孝悌，而好犯上者，鲜矣；不好犯上，而好作乱者，未之有也。君子务本，本立而道生；孝悌也者，其为仁之本与！"他借用这句话告诉弟子：做人就应该孝顺父母和尊重兄长，那种冒犯长者的人终究是比较少见的，而那些犯上作乱之徒更是罕见的。所以对于一个君子来说，只有将事情的根本做好了，才能将治国和做人的原则确立，所以孝顺父母和尊敬兄长都是“仁”的一种根本表现。

王阳明意识到，孔子的学说重在一个字——“道”。这个道其实就是“人道”，和心学中的天理类似，因为这个道的本源就是在于一个字——“心”。所以，要想孕育出一颗仁爱之心，就要先从孝悌开始做起，这是王阳明一直推崇的。

孔子的弟子曾经感慨地说：“社会上动荡不安就是因为一些不孝的人流窜于世上，所以才造成了文明秩序的混乱。”对此，王阳明的解释是：“当你不孝敬父母的时候，你的儿女也将耳濡目染地学会你这种不孝，说不准还会加倍地还给你，你的生活也将陷入到黑暗之中。”正是基于这个道理，王阳明才把孝行看做是致良知的一个重要的衡量指标。

从前，有一对夫妻生了一个儿子，对他疼爱有加，尽心竭力地抚养着孩子长大。这对夫妻和孩子的奶奶生活在一起。平时儿媳妇总是嫌弃婆婆，不愿意尽赡养之道。不过，婆婆非常勤快，所以媳妇还是暂时忍了下来。

孙子一天天地长大，奶奶则一天天衰老，她的腰因为整日的操劳而佝偻，最后不能干重活了，而且因为年龄大了，她在吃饭的时候也会经常撒出一些饭粒。媳妇越看越不顺眼，就想着怎么才能把婆婆赶出家门。在她的怂恿下，丈夫竟然也答应把母亲赶出家门。

一天中午过后，夫妇二人把母亲送到三十里外的一个山沟里，给她丢下几块饼，就让母亲自生自灭。然而在他们回家之后，发现儿子正在村头的大树下面坐着。夫妇问孩子为什么不回家。孩子说：“我在等奶奶，你们现在把奶奶拉出了三十里，等我长大了把你们拉到八十里地也不止！”

听了孩子的一番话，夫妇二人顿时羞愧难当，赶忙回到山沟把老太太接了回来。从此，夫妻二人尽心尽力地赡养老人了。

俗话说：“老有所终，幼有所养。”在故事里，这对夫妇因为嫌弃老人无法为家庭作贡献了，便要抛弃她，这时候小孩子出来说话了：“等你们老了，也无法为我的家庭作贡献了，那时候我也可以抛弃你们。”小孩子的话很简单，却很有力，给了这对不行孝道的夫妇“当头一棒”，使他们醒悟到：及时行孝才能维持家庭的和睦。家庭和睦了，他们老了才有儿子养。行孝是为了家庭，也是为了他们自己。

王阳明是一个重孝道的人，当初在他被贬谪到龙场的时候，原本可以远走高飞，但是出于顾忌家人的安全，他还是硬着头皮在龙场一待就是好几年——这就是从内心出发的一种孝行需要。也正是有了这种孝的存在，王家才一直保持着和睦的家风，这种家风不仅促进了王阳明的人生成长，更帮助他有精力去思考人生。为此，王阳明说：“父而慈焉，子而孝焉，吾良知所好也；不慈不孝焉，斯恶之矣。”这句话的意思就是说，只有为人父母者去疼爱自己的子女而子女们对自己尽孝，这才是致良知的一种表现。假设父母不慈爱，子女不孝顺的话，一个家庭将会充满着凄凉与不和谐，根本谈不上幸福。

人活着总需要一些个性标签和道德评价，其中孝是我们最为看重的，是一个人头上最闪耀的光环，也成了我们能否延续后代的保障。其实，孝行并不在那耳熟能详的《二十四孝》的故事里，而是在每一个为人父母的言行中。

❖ 跟王阳明学心学智慧

只有在无微不至地去关心和教育孩子的同时传播孝的概念和含义，才是宣扬天理和人性的正确做法。只有孝道被传承下去，家庭才能和睦，人生才能圆满。

第九辑
从容淡定，处变不惊逍遥一生

《幽窗小记》里面有这样一幅对联：宠辱不惊，看庭前花开花落；去留无意，望天上云卷云舒。淡定，是一种境界，是一种心态，也是一种生活状态。生活无论是惊涛骇浪，还是风平浪静，我们都需要淡定之心，这样才不会因为太过兴奋而忘乎所以，也不会太过悲伤而痛不欲生。

做一个真正快乐的人

什么是真正的快乐？有人说，圣人的快乐才是真正的快乐。那么，圣人的快乐是否与普通人的快乐一样呢？如果二者一样，普通人满足了自己一时的欲望感到快乐，为什么还要做圣人？如果二者不一样，那么当圣人遇到人生中的大灾大难的时候，圣人的快乐还能继续存在吗？更何况圣人的修炼讲求“戒慎恐惧”，在没人的情况下都要常怀戒惧的，那么圣人还能快乐吗？

上面这一连串的问号难倒了不少人，不过这却难不倒王阳明。他是这样回答的：“乐是心之本体，虽不同于七情之乐，而亦不外于七情之乐。虽则圣贤别有真乐，而亦常人之所同有，但常人有之而不自知，反自求许多忧苦，自加迷弃。虽在忧苦迷弃之中，而此乐又未尝不存，但一念开明，反身而诚，则即此而在矣。”这段话的意思是：快乐是心的本体，虽与普通人的七情六欲中的快乐不一样，但是也不在七情六欲之外。圣人虽然有真正的快乐，但是这也是普通人所共有的。每个人的身上都有快乐，快乐就在你的心中。但是，悲哀的是很多人视而不见，反而到内心之外的世界去苦苦地寻找，不仅找不到，还会使自己产生烦躁苦闷的心情。也有一些人，本来已经发现了内心中的快乐，然而他们经受不住外界的诱惑，糊里糊涂地就舍弃了这种快乐，从此以后生活在了烦恼之中。

从前有一个财主，家里有许多金银珠宝，他每天都担心这些金银珠宝被别人偷去，因此饭也吃不好，觉也睡不着，每天活着很累，他感觉自己不快乐。

后来，有人给他开了一个药方：要想获得快乐，就要去找一件快乐的人穿的衬衣，穿上这件衬衣后，快乐就能进入到财主的体内，这样他就会快乐了。于是，财主决定出去寻找这件快乐的衬衣。他怕家里的金银珠宝被别人偷去，就全都带在了身上。

就这样，财主每天背着金银珠宝到处寻找快乐的衬衣，却一无所获，他自己也累得骨瘦如柴。一夫，从前方飘来了一阵悠扬悦耳的笛声，笛声欢快悠扬，财主顺着笛声找去，在田间见到了一位老农在吹笛子。

财主说："老人家，你快乐吗？"老农说："当然了，如果心中不快乐，怎么能吹出这么快乐的笛声呢？"

财主羡慕地说："我很羡慕你的快乐，我愿意用我背上的金银珠宝换取你的一件衬衣。"老农听了这话，又看了看财主背上的金银珠宝，顿时脸上的快乐消失不见了，他哭丧着脸说："唉！我要是有件衬衣就好了。可恶的地主，我辛辛苦苦给他种地，都头来却连一件衬衣都买不起。"

每个人的心中都有快乐，财主却视而不见，反而到内心之外的世界去苦苦地寻找，不但寻找不到，还被身上的金银珠宝累得瘦骨嶙峋。老农的快乐倒是发自内心的快乐，然而他却没有意识到，也不珍惜，被财主的金银珠宝所诱惑，竟然糊里糊涂地舍弃掉了。圣人与常人的差别在于，他们能够反省本身，从自己的内心中发现属于自己的快乐，而常人却做不到这一点，即便偶然做到了，也会很容易舍弃，因为他们经受不住凡世的诱惑。

王明阳之所以被称为圣贤，是因为他能够发现内心的快乐，并时刻保持着这份快乐。尽管在官场上连遭不幸，王阳明却能在蛮荒之地一日悟道，领悟了心学的真谛。从此以后，王阳明沉浸心学研究和推广的工作中，并且乐此不疲。普通人可能理解不了圣人的快乐，然而，王阳明知道，这就是他的快乐。无论在繁华的京城，还是在荒无人烟的地方，只要心不变，这份快乐就长久存在。

❖ 跟王阳明学心学智慧

真正的快乐，不是狂喜，亦不是苦痛，它是你的心境。永远保持一颗快乐的心，那么你就是快乐的。做不了圣贤，我们可以做一个普通的人，享受生命一刹那的喜悦。

生活总可以浪漫一些

柏拉图曾经说过："如果你有两块面包，你当用其中一块去换一朵水仙花。"如果我们把生活看成是一幅美丽的图画，那么每一次微笑就是画中勾勒出的最美线条；如果我们把生活当成是一首动听的旋律，那么每一次微笑就是其中连绵不断的音符。生活需要微笑，我们对生活微笑，生活也会对我们微笑、生活更需要诗意，只有用洒脱、傲然、浪漫的情怀去写完人生这么长的一首诗歌，我们才能将所有苦难化成饱含深情的文字。

王明阳曾经在讲学时不无感慨地对弟子们说："会稽素号山水之区。深林长谷，信步皆是，寒暑晦明，无时不宜，安居饱食，尘嚣无扰，良朋四集，道义日新，优哉游哉！天地之间宁复有乐于是者？"这句话的意思是，像在会稽这样有山有水的地方，风光无限美好，气候又那么宜人、真是一块适合人们生存的风水宝地。聚集几个志同道合的朋友来到此处，天天在这湖光山色之中交流思想，那简直就是天地间最罕有的生活场景了。

由此可见，王阳明把人获得乐趣的源泉看得十分宽广，既可以享受丰富的物质生活，还可以享受快乐的精神生活，总之一句话：带着诗意的心情去生活才最完美。心学虽然听起来有点难懂，但是只要认真沉下心来去静听内心的声音，你就会发现其实它很容易弄懂。只不过有些人身处嘈杂的俗世，内心一片浮躁，越去思考什么致良知、什么知行合一，脑子就越是短路。其实，与其费这么大的力气，还不如找一个比较安静的环境和自己的内心对话，说不定很快就能悟出天理的真实内涵所在。

王阳明之前一直向往的生活就是归隐山林，当然他的这个理想并非是为了逃避而是想和大自然紧密地拥抱在一起，这样才能获得更多的对人生和世界的理解。的确，一个人内心混乱的时候，怎么可能会欣赏大自然的美呢？当一颗心丧失了对美的认知的同时也就不可能过上诗情画意的生活。所以，那些在山水之间修行的大师们，恰恰就在这种原生态的生活中发现了自然独特的美，也就在同一时刻认知了自己的内心。

王阳明懂得诗性生活的魅力，所以他才能坦然面对人生中的得意和失意。

在他第一次科举考试落榜的时候，他没有颓废不堪，而是用诗歌来填补内心的落寞和失意。为此，他在家乡创办了龙泉山诗社。虽然诗社里的人不多且没有什么名气，不过王阳明对此却十分满足，因为他可以和大家尽情地徜徉在山水之中，高兴了就下棋饮酒，不高兴了就跑到山脚下吟诗作对，将胸中的愤懑以文字的形式发泄出去。正是有了这样的生活情趣，王阳明淡泊的心境才得以安然地保存，没有变成一个哀叹不幸的失意的读书汉。在创办诗社的日子里，他以诗歌来言志，创作了像“我爱龙泉山，山僧颇疏野。尽日坐井栏，有时卧松下”这样的佳句。这种山清水秀的生活不仅陶冶了王阳明的心性，更是让他度过了在落榜之后人生中最灰暗的一段日子，让他忘却了光怪陆离的尘世生活，得到了一个宝贵的思考和自省的绝好机会。

不光是在风光秀丽的山林中王阳明能心情愉悦，即使在野兽出没的龙场，他也能够自得其乐。当时，已经跟农夫一般模样的王阳明，也能抛却人生中的短暂失意，一边种地一边作诗：“起草不厌频，耘禾不厌密。物理既可玩，化机还默识。即是参赞功，毋为轻稼墙。”

农耕生活反映了王阳明回归原始境地的一种超脱和豪放，是将“天人合一”活学活用的一种境界，也可以理解为中国诗人通常使用的“自我重要法”。这虽然看起来接近精神胜利法，其实是一种实用主义哲学的再现，让王阳明在一个被遗忘的角落仍然能够找寻到其中的价值所在。王阳明一边挥汗如雨地辛勤耕作，一边用艺术家的审美感觉给予身边事物评价，让自己的内心世界始终处于饱满和坚挺的状态，让他即使身处危难也仍然能够超脱很多苦难和抑郁，这就是最高明的“内心制胜”。

带着诗性去生活的王阳明，终于在四体沾泥的情况下超越了现实的残酷，在龙场成功悟道，迈出了心学历史上最关键的一步。

想想看，如果有着和王阳明类似遭遇的人也能迅速地让心灵融于自然的话，这个世界上恐怕会有更多学说诞生于世。

顺其自然，不生忿懥

每个人在生活中都难免会遇到一些烦心事儿。当面对这些烦心事儿时，人就会有一种忿懥之念袭上心头。此时一点的刺激，便会让人大发雷霆、勃然大怒，进而做出一些出格的事情来宣泄自己内心的不快。

然而我们也知道，用不理智的方式宣泄是非常不可取的，一则会给人带来伤害，二来对于愤怒的消减，其实是于事无补的。那么，对于愤怒，我们应该怎样去做呢？在这个问题上，王阳明给了我们答案。

王阳明说："故有所忿懥，便不得其正也。如今于凡忿懥等件，只是个物来顺应，不要着一分意思，便心体廓然大公，得其本体之正了。"这句话是什么意思呢？就是说有所愤怒，心就不能中正，而对于愤怒等情绪，正确的做法就是顺其自然，不过分为外物所扰，让一切顺其自然，那么心体自会就会廓然大公，从而实现本体的中正了。

由此可见，对于内心的愤怒，王阳明提倡的就是这四个字：顺其自然。

我们要知道，人生没有绝对的好，也没有绝对的坏，很多时候都是能够互相转化的。处于不好的境遇当中，我们自然是愤恨不已而换个角度考虑，这其实不也是意味着我们的境遇会一点点变好吗？既然如此，那何不顺应环境，等待它一点点变好呢？

有没有人在逆境中还能泰然自若？当然有，这些人大多信奉一句话——我不是境遇的牺牲者，而是它们的主人。这些人能够协调好自己与环境之间的关系，能够主动地去顺应环境，而不是对环境产生忿懥之念。

福州的罗山道闲禅师，本是长溪陈氏，出家在福州龟山，年满成为比丘之后，遍下山四处游历。

有一次，他前去拜渴石霜禅师，问石霜：“心的灵知灵觉已现，却往往会被一大堆纷乱的念头来缚住了。在这种起伏不定的时候，我该如何用功呢？”

石霜禅师回答他说：“最好是正视它，直接把各种念头抛弃禅。”

道闲对石霜的回答不是很满意，便又去请教岩头全豁禅师，问了同样的问题。

全豁禅师说：“那狂妄该止时便会止，顺其自然好了，管它干嘛！”

我们看，全豁禅师对于人生的领悟是在石霜禅师之上的，石霜禅师能够将杂念抛开已然是超于凡人了，然而全豁禅师却能够让杂念完全不入于心，可以说略胜了石霜禅师一筹。

当然，我们也要知道，顺其自然并不是对于人生的完全放任，那实际上是对自已不负责任。顺其自然是放宽心，不怨天尤人、悲观失意，也不自傲自满以至乐极生悲，而是从心底里放下对那些决定不了的事情的牵绊，让它们顺应自己的发展规律。

顺其自然的生活态度，是指能使自己的心境较好地适应所在的生活环境，无论它发生多大的变化，也不会因此而动怒。当人陷入一种不好的境遇，又无力改变现状的时候；当人生活突然发生变故，需要重新开始的时候；当人想摆脱目前的现状，却不知道下一步该如何去做的时候，不妨放宽心态，顺其自然。

顺其自然是一种适应，一种接纳，它需要人有足够的勇气和胆识来接受新的困难和挑战。不抱怨，不生气，只专注做好自己的事情，踏实地生活，并默默地寻找时机改变环境，这才是最好的应变能力。

平定宁王之乱后，王阳明曾因为不想让武宗带领的京军进入南昌，而和京军的首领江彬发生过争执。为了报复王阳明，江彬派他的同党张忠到南昌，目的就是找王阳明的茬，让王阳明难堪。

但王阳明一贯洁身自好，没有什么把柄给张忠，因此张忠便使出了流氓的招数——骂街。张忠找来了上百士兵，分成三班倒，天天站在王阳明的家门口骂人。要知道，张忠的手下全是一帮兵痞，这些人的嘴里能有什么好话？因此当王阳明的随从和下属们每每听到这些话时，都极为愤怒，准备找人收拾张忠。

然而出乎意料的是，王阳明却反对他们这么做。他非但不跟京军计较，还善待他们，病了给他们看病，冷了给他们盖房，从来不排挤歧视他们，怎么对自己的下属，就这么对这些京军；至于他们骂不骂人任由他们去。就这样，一天天过去了，京军们终于改变了，前去骂人滋事的越来越少，任张忠催促多次，也没有人再上门给王阳明找别扭了。

那些京军就是来找茬的，跟他们生气又有什么用呢？倒不如顺其自然，看他们能骂到什么时候。这就是王阳明的态度，而最终的结果，也证明了王阳明的睿智。

❖ 跟王阳明学心学智慧

人生中，我们总会遇到一些烦恼事、无法解决的问题，对于这些，我们应该像王阳明学习，不抱怨、不计较、不生气，让一切顺其自然，如此反倒更能让环境为我们改变。

看清生死，活出淡定

关于生死这个深刻又难解的终极命题，王阳明也有独特的看法。曾经有人向他请教《论语》中有关志士仁人的一章，王阳明为其解答："只为世上人都把生身命子看得太重，不问当死不当死，定要宛转委曲保全，以此把天理却丢去了，忍心害理，同者不为。若违了天理，便与禽兽无异，便偷生往世上百千年，也不过做了千百年的禽兽。学者要于此等处看得明白；比干等，只为也看得分明，所以能成就得他的仁。"这句话的意思是：只因为世人都把自己的生命看得太重了，也不想想有没有必要献出自己生命的时候就抱定了不死的决心，采取一切办法委曲求全，获得苟延残喘，于是就丢掉了自己的天理。如果一个人连天理都能够破坏的话，那还有什么事情做不出来呢？那些违背了天理的人，在某种程度上就变成了禽兽，即便能够在世上多活百千年，也不过做了千百年的禽兽。后来人要明白，像比干那样的人，只因为他们看透了生死，能够舍生取义，所以才被人们称为“仁”。

在王阳明看来，只有当一个人能够看透生死的时候，人生才不会再有任何困难。事实上，人们对于死亡的恐惧无非是来自对死亡本身的无知和对生存的偏执。所以王阳明认为既然人们无法预知死后的世界是什么模样，那么生前快乐还是死后快乐也就没办法做出定论，只是一种猜测罢了。

生死相对，同时相成，庄子说：“方生方死，方死方生。”生命中不能缺少死亡这一环，虽然死亡是人生必然经历的过程，但人人都怕死。佛教以解脱生死、觉悟成佛、弘法度生为首要目标，他们并不执着于肉体生命的，身体只是装载灵魂的“臭皮囊”。

净空法师说：“在因果循环中，生命过程中的苦与乐、逆与顺、成与败、得与失、寿与夭、健康平安与多灾多难，都应该面对并接受。”平常人惧怕死亡，是因为不知道人死之后要去向何处。然而，死也是我们要承担的人生义务之一。

寂寥秋日的黄昏时分，若独自行走在一条铺满梧桐叶的路上，必然心生感慨。当一片片枯黄的叶子从枝头静静地飘落时，地面似乎就是深秋赋予它的归宿。

不知何处吹来的风，如同兰花手，悠然自适间，生命便已陨落。风与树叶之间，总有细数不尽的故事：春风吹绿了叶，夏风吹肥了叶，秋风把叶儿染黄，冬天的风把叶儿吹进尘埃。树叶的轮回，就像是人生的兜兜转转，循环往复间，没有永生，也没有消亡。每段生命的开始意味着过去的陨落，每段生命的结束又昭示着下一个未来。

生死从来不由人，甚至连佛祖也无法改变。

人们总是问佛陀：“佛死了到什么地方去呢？”

佛陀总是微笑着，保持沉默，什么话也不说。

但是，这个问题一次又一次地被提出来，看来人们对这个问题还是比较关心的。为了满足人们的好奇心，佛陀对他的弟子说："拿一支小蜡烛来，我会让你们知道佛死了到什么地方去。"

弟子急忙拿来了蜡烛，佛陀说："把蜡烛点亮，然后拿过来靠近我，让我看看蜡烛的光。"

弟子把蜡烛拿到佛陀面前，用手遮掩着，生怕风把蜡烛吹灭了。

但是，佛陀训斥他的弟子说："为什么要遮掩呢？该灭的自然会灭，遮掩是没有用的。就像死，同样也是不可避免的。"

于是，佛陀吹灭了蜡烛，说："有谁知道蜡烛的光到什么地方去了？它的火焰到什么地方去了？"

弟子们你看我，我看你，谁也说不上来。

佛陀接着说："佛死就如蜡烛熄灭，蜡烛的光到什么地方去了，佛死了就到什么地方去了。和火焰熄灭是一样的道理，佛陀死了，他就消失了。他是整体的一部分，他和整体共存亡。火焰是个性，个性存在于整体之中，火焰熄灭了，个性就消失了，但是整体依然存在。不要关心佛死后去了哪里，他去了哪里不重要，重要的是如何成佛。等到你们顿悟的时候，你们就不会再问这样的问题了。"

不论是人的死亡，还是佛的死亡，都是人死如灯灭。但即使灯灭了，也并非什么都没有了。曾经的光依然在闪烁，蜡烛的意义在于其燃烧的过程。生生死死，且由他去，不要执着于如何永生，也不要总惦记着人究竟如何做才能在死后上达四方乐土，这都是虚无缥缈无踪可觅的乌有，最好趁生命还在时，多做善事，认真修行。

面对死亡，要有如落叶归根的自然；面对死亡要有如空山圆月的明净。缠绕心灵的那条生死线，只有自己才解得开。

人的一生很短暂，百年也只是一瞬，在茫茫历史长河中不过是沧海一粟。当人的生命消逝时，我们常常觉得它比叶子的凋零更加悲凉，花谢了会再开，潮退了会再来，可是人的生命逝去之后，将以怎样的方式重新回归呢？

法师说："接受自己逐渐步入高龄的事实，明了外表、容貌、体力上的改变，都不过是一种自然现象；对于死亡也要以更宏观的角度来看待，体认到那不是结束，而是另一阶段生命的开始，便能坦然面对，不再有任何的恐惧和忧虑。”

王明阳一生的潇洒，归根结底就在于他无惧生死，所以才能够做自己想要做的事情。想去效忠朝廷，那就跟邪恶势力对着干；想要平叛匪患，那就提着剑骑上马冲上战场。对于他来说，活着就没必要去害怕死亡，只要内心的声音在指引着他，只要天理在驱使着他，就应该抛却“生命只有一次”的顾虑，尽情地投入到自己醉心的事业和理想中去。正是因为王阳明对生死已经看得很开了。

人的一生，总有一些问题得看透，否则的话，就是自己与自己过不去。像生死这件事，实在没必要杞人忧天。每个人总有一死，大家都是平等的，所以请看淡些，生死是很自然的事情，既然死亡逃脱不了，那么就请好好地活着，积极做一些活人应该做的事，想一些活人应该想的问题。

❖ 跟王阳明学心学智慧

生亦何欢，死亦何惧，看透了这个问题，人生就能活得潇洒自在。所以心始终保持着平静，也就不在意那些是是非非，就更进一步地贴近了良知。

淡看和别人的差异

人人都有差异，这本是自然天成之事，并非上天有意善待众生。然而有些人却用一生的精力去计较这种不平等，满眼都是自愧不如他人的哀伤，满心都是羡慕嫉妒的失落，结果整日郁郁寡欢，忘记了最应该比较的那个人其实是自己，也就由此失去了催促自己不断进步和超越他人的动力和信心。做人，应当像王安石在《游褒禅山记》中所写的“尽吾志也，而不能至者，可以无悔矣”，要以平和之心看人，以淡泊之心论事，以包容之心行走江湖，方能求得心灵的安静。

王阳明的学生刘德章曾经问老师：“先生用重达万镒的纯金去形容尧舜，而用九千镒来比喻孔圣人，这恐怕不太贴切。”王阳明知道自己的弟子对孔子的地位被降低感到不满，于是他回答说：“此又是躯壳上起念，故替圣人争分两心，若除去了比较分两的心，各人尽着自己力量精神，只在此心纯天理上用功，即人人自有，个个圆成，便能大以成大，小以成小，不假外慕，无不具足。此便是实实落落明善诚身的事。”这段话的意思是：你这是从外形上着眼的，因此替圣人争轻重。如果剔除比较分量的心，各人尽己之力与精神，只在此心纯是天理上下功夫，就能人人知足，个个成功，如此就能大的成就大的，小的成就小的，不必外求，无不足具。这就是实实在在的明善诚身的事。

王阳明的这番话点明了这样一个道理：我们生活在一个存在差别的社会中，因此每个人都会不由自主地和别人进行比较。假设我们与之比较的那个人和我们自身的差距并不大，那么心理上自然会感到一点平衡；然而如果这个差距很大的话就会感到失落或者自傲——这一系列的心理动态，让人们产生了原本不应该产生的烦恼。王阳明以圣人作为例子，其目的就是让人意识到这个世界上存在的“不平等”是客观情况，是无法改变的，因此唯一能改变的就是自己的心态，让自己跳出和别人比较的魔障，从而建立一个独立的自我。

有一位天使独自在花园中散步，让他惊讶的是，所有的花草树木竟然全部枯了，呈现在他面前的是一片可怕的荒凉。后来，天使经过调查才知道原因：橡树因为没有松树那么高大挺拔而自尽了，松树因为自己不能像葡萄那样结果子也自尽了，葡萄深恨自己整天爬在架子上也自尽了，牵牛花因为羡慕紫丁香的芬芳也自尽了……唯一活得精神的竟是安心草。

天使感到很好奇，他问安心草：“为什么别的植物都死掉了，只有你还这么勇敢乐观呢？”

安心草回答说：“天使啊，我一点也不感到灰心丧气，因为我知道如果您需要一颗橡树或者松树、葡萄和牵牛花的话，您就会让园丁种上，而我知道您寄希望于我的就是安心做一棵小草，所以我必须乐观地活着。”

安心草之所以能够自在地活着，得益于它对自己的正确定位。它不会用自己的短处和别人的长处作比较，而是认清自己的价值，这样才找到了属于自己的快乐。

“人人自有，个个圆成”简单的八个字，不仅是王阳明对人们不正常心态的劝诫，更是从侧面点明了心学的境界，要以“自我”的视角出发，与“自我”进行比较，以圆满“自我”为目的而不是取悦他人。只有到达这种精神层面，才能修炼出强大坚挺的内心，人生奋斗也将事半功倍。

当一个人计较他人的长处而贬低自己的短处时，就会让自己陷入到自我毁灭的泥潭之中。人们经常抱怨自己不好，那是因为与别人相比，自己存在着落差。如果一个人总是用各种理由来否定自己，那么心性自然受到干扰，做人做事都不会成功。

❖ 跟王阳明学心学智慧

如果你不能消除比较心理，起码要学会客观地看待自己和别人。当你进行客观比较的时候，才能看清楚自己的生存价值。

笑看人生起伏

无论是辉煌还是低谷，无论是成功还是失败，都是人生中的一段旅程。今日的辉煌并不能照耀前路的灿烂，而今天的惨败亦不能预示日后的颓废。人生的风景万千，正是这一段段不同的旅程造就了众生。当我们处于辉煌或低谷时，要学会让它们进行有机的转化，笑对人生的每一次转折，淡看每一次得失，才能勇敢地走完下一段路程。简而言之，想要让内心处乱不惊，就要保持平淡之味。

关于如何看待人生的起伏，王阳明曾经说过这么一句话：“譬如行路的人，不小心跌倒了，起来便走，不要欺人，做那不曾跌倒的样子出来。”可见，王阳明认为失败和失意都没有什么可怕的，只要能够保持内心的淡定就能应付自如。这就像一个走路的人忽然摔倒了，只要身体没摔坏，拍拍身上的土就可以起来继续赶路，不要自欺欺人，装作没有跌倒的样子。

王阳明说得在理。王阳明在教导我们，做人要常怀一颗淡定的心，不管别人的非议与嘲笑，不理会别人的诋毁与诽谤，不顾及自己的荣辱，随便功夫有进有退，我只要良知做我内心的主宰，生生不息，自然就会日进，即使有外界的干扰也不为动摇。

一个秀才出门进京赶考，然而由于考场失利而名落孙山，秀才自然心情沮丧。一天，他和几个朋友出去郊游，遇见了一位鹤发童颜的老者。和老者攀谈了几句，秀才就将心中的苦闷一五一十地对他讲了。

老者听了之后，问：“昨天早上第一个和你说话的人是谁？”

秀才摇摇头，表示自己不记得了。

于是老者又问：“那么，你明天会遇到什么人？”

秀才很诧异地说：“明天还没有到来我怎么能知道？”

老者笑了笑，又问：“此时此刻，坐在你面前的人是谁？”秀才愣住了，好半天才反应过来：“我面前坐着的人当然是您了。”老者点了点头说：“昨天的事情已经被你忘了，明天的事情还没有到来，那么你唯一能把握的就是当下。既然如此，你何必为以前的事情而烦恼呢？不如放下心中的包袱，用一颗平淡之心面对。仔细想想，你其实什么也没有失去，一切仅仅是刚刚开始而已。”

秀才听了老者的话顿时恍然大悟，而老者则继续说下去：“既然现在是新的开始，那么为什么要执著于已经发生过的事情呢？这就好比潺潺流动的溪水，即使偶尔被石头阻碍，也同样能奔流万里最终汇成波涛汹涌的江海。”

秀才微笑着点点头，终于卸下了一直压在心头的负担。三年之后，他重新进京赶考，竟然考中了状元。

秀才因为考试失利，便一直耿耿于怀而无法自拔，这种患得患失的心境影响到了他的心情，导致他迈不出前进的步伐。老者劝说他放下过去，不执着于已发生的事情，也就是要他保持一颗淡定的心，笑看人生的起伏。

因此在心学的体系中，王阳明反复强调“心不动，随机而动”的核心思想，因为只有内心单纯了才有可能理清思路让心平静如水。王阳明的心学，其精髓就是不让人将外界存在的流言蜚语、是非毁谤以及个人的荣辱看得太重，而是要让人形成一种无所牵挂、无所恐惧的弹性心理状态。有了这种强大的内在支撑的基础，在考虑事情的时候就能够做到恰到好处，从容地周旋于各种矛盾和变化中。

❖ 跟王阳明学心学智慧

很多人之所以轻易就被外界所干扰，就是因为心里不淡定，被各种各样的情绪羁绊，所以才举步维艰。如果一个人能够让内心世界多一点光亮，变得坦荡一些，那么就算经历再困难的事情也会从容脱身。

淡定是人生的另一种强大

常言道：“人生不如意之事十之八九。”现实生活中，让我们感到痛苦难熬的事情多不胜数。尽管很多事我们自身难以抗拒，但我们却能改变我们的心境，让心情停留在阳光下，用积极的态度去思考和面对，由此便能发现事物最光明的一面。以乐观的心态待人处事，便可以发现其中也蕴藏着快乐的因子，那些原本不如意的事情则变成了上天赐予我们的礼物。我们将在跨过障碍的瞬间，看到内心世界正在茁壮地成长。

有一天，王阳明的弟子陆澄收到家信，得知儿子病危，他心中十分忧闷，不堪忍受。王明阳为了开导他，就对他说：“父之爱子，自是至情。然天理亦自有个中和处，过即是私意。人于此处多认做天理当忧，则一向忧苦，不知已是‘有所忧患，不得其正。’”这段话的意思是：父亲爱儿子，自然是最深的感情，然而天理也自有一个中和处，过分了就是私意。人在这时往往认为按天理就该忧烦，就一味去忧苦，却不知道这已经是“有所忧患，不得其正”。

“有所忧患，不得其正”是《大学》里面的一句话，原意是修养自身在于端正心智，如果心中有所忧患，就得不到中正。王阳明借用这句话是为了劝解陆澄不要太过悲伤，保持内心的淡定。因为人一旦内心不淡定了，做人或是做事就会掌握不好分寸，像一个喝醉酒的司机开车穿行在闹市区一样，危险度可想而知。相反，一个人能够在看不到希望的时候还能保持淡定的心态，这才是超越常人的非常之举，自然能够收获非常之功。

王东是一个销售员，在他刚刚进入这一行的时候，由于经验欠缺总是遭到客户的拒绝，这让他承受了非常沉重的心理压力，每天都在消沉的情绪中度过，几乎绝望了。有一天，他心情抑郁地来到乡下散步，正在田埂边小解的时候，忽然看到有一只青蛙蹲在那里。因为无聊，王东就把尿撒在了那只青蛙的脑袋上。原本他以为青蛙一定会狼狈地逃窜，没想到它不仅没有离开的意思，反倒安静地蹲在原地，一副十分享受的样子。这时王东才意识到，这只青蛙并没有把被尿淋当做一种耻辱，而是把它看成了一次温水淋浴而已。

王东顿时眼前一亮：以前他总是将客户的拒绝当成对自己的羞辱，所以觉得自己的工作十分低贱，人生也没有前途。既然如此，为何不改变一下心境呢？就像那只青蛙一样，何不将原本的羞辱当做一种享受，以此来提升内心修为的境界呢？这样一来，即使他遭受再多的拒绝，只要能保持内心的乐观和淡定，这种羞辱又怎么能影响到自己呢？

王东在顿悟了这个道理之后，从此不再害怕客户的拒绝，而是想方设法地分析自己被人拒绝的原因，逐渐加强了自己的销售能力。日子一久，王东的业绩变得越来越好，他连续获得了多年的销售冠军，最后成为业内资深的销售大王。

如果王东不能够正确地对待客户的拒绝，那么积压在他心头的消极情绪会越来越严重影响他的工作，他也会离成功越来越遥远。可见，只要内心保持坦然和淡定，原本的挫折也可以化作一次提升自我的良机。

王明阳告诫弟子要保持平静淡然的心境，他自己也是这样做的。

当初朱宸濠起兵造反之后，王阳明迅速地擒获了这个乱臣贼子。然而正德皇帝在得知宁王被擒的消息之后，竟御驾亲征，王阳明只好押解朱宸濠北上归京，却遭到了皇帝的猜忌。王阳明无奈，只好找到太监张永说情，然而朱厚照对王阳明的态度丝毫未改，委任他为江西巡抚，把他强行留在了南昌。王阳明的徒弟们闻讯之后，大呼老师被皇帝耍了，而王阳明却告诉他们，这点小事如果都沉不住气的话，将来还怎么成就更大的事业？可见，王阳明在遭遇了被皇帝误解、被小人攻击、被强制委任等一系列挫折之后，内心仍然保持淡定。最后，在他坦然接受了这些变故之后，他的官场行走路线稳步向前，并没有受到任何影响。而且，正是因为他能够安心于现状，在南昌有了可以继续钻研心学的大好时机，促使他在致良知的道路上有了进一步的提升。

每一天，生活都会给我们带来各种情绪，有令人开心的，有令人沮丧的，也有令人抱怨的……其实，这些千变万化的情绪并非它的真实面目，而是在我们的心灵注视下产生的幻影。

❖ 跟王阳明学心学智慧

如果你能在遭遇危机之际用正确的态度去迎接挑战，扔掉烦恼和愁苦，那么你将会从容地接纳生活带给你的一切考验，自然就能获得一个充满积极意义的人生。

直面现实泰然自若

人生有高峰，就自然会有低谷；有坦途，就自然会有波折。人生在世，谁也免不了被命运之神作弄。在人生的坦途中，很多人还都能够保持一份泰然的姿态，不恣意狂喜。然而在人生的低谷中，我们却很少能够见到能泰然自若的人。这是什么原因呢？道理很简单，那就是因为现实与人的期望之间的差距。

人总是期盼着好的一面，总是喜欢把眼睛向上望，因而当人生处于低谷当中时，内心就自然而然会产生沮丧、失望、愤怒此类的情绪，让人久久不能平静。但我们也知道，若想要走出低谷，第一件要做的事就是认清脚下的路；人若不能让心境平和下来，那走出低谷便无从谈起。那么，如何能够让自己的心境平和下来呢？让我们看一看王阳明的回答。

王阳明曾告诫自己的弟子："今却不济，便要矫强做出一个没破绽的模样。这便是助长，连前些子功夫都坏了。此非小过。"这句话直译过来就是说：不可因为从前用了功夫，而到现在这功夫不管用了，还勉强装出一个没有破绽的样子，这就是助长。这种做法，连从前的那点功夫也给遗弃了，这可不是小错误。

王阳明这段话带给我们什么道理呢？那就是若想要让学问精进，认识到自己真实的水平是第一位。那么同样的，若想要走出人生的低谷，就应该认清自己所处的位置；认清了自己的位置，对自己有了充分的了解，那么内心就自然能够平和下来了。因此说，人只有直面现实，才能淡定自若。

"受苦的人，没有悲观的权利"，这是德国哲学家尼采说过的一句话。自古英雄所见大略相同，对于环境的恶劣和人心的浮躁，无论古今中外都是同一种看法。

"客行日日万峰头，山水南来亦胜游。布谷鸟啼村雨暗，刺桐花落山溪幽。蛮烟喜过青杨瘴，乡思愁经芳杜洲。身在夜郎家万里，五云天北是神州。”此诗王阳明写于被贬至贵州龙场的路途中。

出生官宦之家的王阳明，二十八岁中进士后便在工部为官。那正是明武宗正德皇帝当朝，大太监刘瑾一手遮天，整个朝廷乌烟瘴气。作为有志于国事者，王阳明会同其他同僚上书参奏刘瑾，却反被刘瑾诬陷，最终被廷杖四十并发往贵州龙场驿。

要知道，那时的贵州可不像今天的贵州，那里没有风景秀丽的旅游区，更没有热情好客的少数民族，有的只是蛮荒烟瘴的山林，和不通文化的蛮夷。看着一路的穷山恶水，满眼荆棘丛生的山梁，和人烟越来越稀少的环境，王阳明也曾一时迷惘，他开始怀疑自己的决定，甚至想过要逃走拒不赴职。

然而最终，他想起了临行前父亲鼓励的话语，想起了自己长久以来心中的梦想——悟道。这恶劣的环境不正是给自己一个静下心来悟道的机会吗？转瞬间，王阳明心境改变了，从灰心变成了泰然处之，而心境的改变也给他带来了翻天覆地的变化。他最终不但改善了龙场的环境，安置了附近的苗民，还在这穷山恶水之中真正的悟出了“道之所在”，进而衍生出了明清最重要时学术流派——阳明心学。

环境并没有变，变化的只是王明阳的内心，从开始的怨天尤人，到最终的直面现实，王阳明对于人生的态度成就了他的伟业。

很多时候，我们总是喜欢说环境造就人，仿佛人有所成就都是环境使然。然而在贵州龙场那恶劣的环境中，却诞生了王阳明这样的圣人，看来造就人的其实还是人自已、而人若想成就自己，首先最应该做的就是直面现实的环境。

❖ 跟王阳明学心学智慧

直面现实，泰然自若，这是我们对于逆境最好的选择。要知道，处于人生的逆境中，我们的身体已然是在受罪了，就更不应该再给我们的心增添负担了。

守住生活中的孤独心

一位西方的哲学家曾经说过：“世界上最强的人，也是最孤独的人。只有最伟大的人，才能在孤独寂寞中完成他的使命。”的确，寂寞如一剂苦味的汤药，常常令人感到不适，却能让人更加坚强和成熟。安然悠久的内室虽然狭窄，却能让一个人回归许久未见的心灵安宁，免却了因为外界杂务而被烦扰的内心。只有耐得住寂寞，守得住孤独，才能突破横在旅程前方的栏杆，让心灵茁壮成长。

寂寞和孤独是人生永远的主题，王阳明对此也发表过自己的看法，他说：“圣人之道，吾性自足，向之求理于事物者误也。”王阳明怎么会这样说呢？

原来，王阳明被贬到贵州龙场后，在这既安静又艰苦的环境里，他不禁回想起了往年的经历，并对此进行深刻的反省，这使他对儒学经典有了新的认识。他认为心是万事万物的根本，世界上的一切都是心的产物，心即理也。王阳明想到这，感觉自己有了顿悟，因此说：“圣人之道，吾性自足，向之求理于事物者误也。”这句话的意思是：天下万事万物皆产生于人的本心，世人寻道，当探寻自己的本心，这就需要世人耐得住寂寞，守得住孤独。

王阳明“龙场悟道”的典故历来被世人津津乐道，这场顿悟正说明了人的一切内力都是由心生发，而并非来自于外界。那种盲目地从外物中汲取力量的办法，好比一个浑身疼痛的人用毒品来缓解症状，是治标不治本，最终贻害的是自己的身体。

王阳明是一个内心世界丰富的人，他有着细腻的感情，所以才能看清世间的变幻无常。但是，他并没有因为感知系统过于发达而产生抑郁的情绪，却因为这种丰富的认知能力排解了积压在胸中的抑郁，让他为自己打造了一个广阔深远的心学世界。王阳明就是因为拥抱了寂寞，才战胜了内心的孤独，消除了一切负面情绪，在这种孤立的状态中悟道，这才验证了心学的本质——能够忍受寂寞才能直面本心。

人们在走向成功之前，一般都会经历一番艰苦卓绝的心路历程。在这个过程中人们会经历被自己埋没以及被别人埋没的低迷状态，如果不能在这个特殊时期自己开导自己的话，恐怕就会因为一时的挫折而继续沉沦下去，最终的结果就是前功尽弃一事无成。相反，如果一个人能够守住自己的孤独心，在寂寞中修炼自己，这样就能够借着寂寞的力量催生心灵进一步完善自己。

❖ 跟王阳明学心学智慧

这个世界上估计没有几个人喜欢寂寞，不过也正是寂寞才能让人变得更加坚强和成熟。所以，人生在世，不管什么时候都要耐得住寂寞，守得住孤独。

第十辑
知行合一，戒除臆想赢在实践

关于思考和实践的关系，王阳明曾经说过："知者行之始，行者知之成；圣学只一个功夫，知行不可分作两事。"这句话的意思是认识是实践的开始，实践是认识的完成。圣人的学问只有一个功夫，认识和实践不可以分开作两样事情。王阳明用哲人的眼光点出了"心"和"行"之间的联系。

知行合一，圣人工夫

“纸上得来终觉浅，绝知此事要躬行。”人非生而知之，要想成就事业，一是靠思考，二是靠实践自思考和实践互为因果，不经过思考而付诸的实践，就会成为无源之水、无本之木，不经过实践验证的认识，就会成为空中花园和乌托邦。因此，在生活中，我们一方面要积极思考和学习知识，另一方面也要注重实践，知行合一，这样才能在追求成功的道路上迈开更大的步伐。

知行合一，是王阳明心学体系中最重要的组成部分。知，是对事情各方面的了解和考虑，只有当人对整件事物有了充分的了解之后才能开始行动。行，则是将那些思考明白、了解清楚的事情付诸实践，这样才能有所成就。在王阳明看来，知是行的开始，行是知的成果。知行合一，就是知中有行，行中有知，在知与行的结合上追求实效，这就是王阳明的心学思想。

相传在唐代的中原地区，有一个地方盛产灵蛇，其胆和心都是上好的药材，因此市场需求量极大。但是，这种灵蛇毒性很强，非常可怕。为了求财，还是有不少人以生命为代价去捕蛇。

这天，有三个小伙子来到盛产灵蛇附近的村子，准备进山抓蛇。第一个小伙子在村子里住了整整一天，休息得差不多了，第二天早上他就斗志满满地上山抓蛇。然而几天之后，人们发现了他在草丛中的尸体。原因是他不懂得蛇的习性，在山里到处乱走，结果将灵蛇惊动了，被蛇咬死了。

第二个小伙子见此情景，吓得够呛，对抓蛇产生了严重的心理恐惧，结果整日在山的入口处徘徊，最终一事无成。

第三个小伙子不急于进山，也没有害怕，而是找到村里有经验的捕蛇人，向他们询问如何寻找蛇穴以及引诱蛇出洞等技巧，同时还掌握了制作解毒药的方法。经过一个月的准备，这个小伙子带着工具上山了。十几天过去了，村子里的人都以为他也丧命蛇口，结果他竟然背着一个沉重的口袋安然无恙地回到了村里，口袋里足有几百条灵蛇。他大赚了一笔，也成了著名的捕蛇能手。

同样都是进山捕蛇，一个是未经思考直接行动，一个是过于深思熟虑而不敢行动，一个是思考填密小心行动，便有了死亡、徘徊和成功三种不同的结局。由此可见，“知”和“行”缺一不可。有行无知，一个人就容易缺乏判断力和创新力，最终成为一架冰冷的机器；有知无行，一个人就会成为“语言的巨人、行动的侏儒”，即使掌握再多的知识也没有意义。只有在学中干、干中学，做到学以致用，学以致用才能在思考和实践的结合中有所长进。

王阳明不仅提出了知行合一这个观点，他本身也是一个鲜活的例子。

在他想要通过走仕途来实现理想的时候，他就已经开始了读圣贤书筹备科考；在他进入官场之后，学习官场之道的同时也悟尽职守；在他带领军队平定叛乱的时候，少年时期阅读的军事著作也被活学活用在了战场上……可以说，王阳明的“人生公交车”每停靠在一个站点，他之前的积累和历练就能马上运用出来，最后收到奇效。

由此可见，在王阳明的心中，对自己做过的所有事情都有一个准确的认识，所以他在行动的时候从来没有慌乱，即使偶尔出现点小插曲，也能及时得到纠正。原因何在？就在于王阳明的脑子里有一个初始的认识——知行合一。

人生中最重要也是经常做的两件事，就是思考和行动，它们像呼气、吸气那样与人的生活息息相关。从学生时代的学习计划到学习实践，到毕业之后的职业规划和职场经历，总要经历思考到行动这一过程。如果在行动前没有深思熟虑，或者只知道思考而不付诸实践，将会影响人一生的发展甚至贻害一个国家和民族的前途。思考与行动，永远是共生共存的，偏废其一，必将出现闪失。心学的核心思想，也正是通过一知一行来体现的。

❖ 跟王阳明学心学智慧

人之所以成为万物的主宰，成为改造世界和社会的主要动力，原因就在于拥有“知”这种强大的思想武器，并且能在“知”的驱动下进行新的尝试和探索。

空谈误事，实干兴业

关于空谈和实干的辩证关系，王阳明曾经说过这么一段话：“若不用克己功夫，终日只是说话而已，天理终不自见，私欲亦终不自见。如人走路一般，走得一段，方认得一段。走到歧路时，有疑便问，问了又走，方渐能到得欲到之处。”这段话的意思是：一个人如果不用克己功夫，只是说说而已，这样最终是看不到天理的，也不能认识私欲。好比人走路，走了一段才能认识一段，到十字路口时，有疑问就打听，打听了再走，这样才能慢慢地到达目的地。

获得成功的方法有很多种，然而不论是哪一种，即便是最简单、最投机取巧的成功之道，也无法在空想中实现。这是因为思想的力量只有在行动中才能发挥作用。为学如此，处世亦如此，要想收获成功，必须多实践，在身体力行上下工夫。

王阳明认为，如果没有下工夫克制私欲，每天只是说一说，最终就认识不到天理和私欲的区别。就像人走路，走一段才能看清楚前面一段。到了岔路口，有疑惑就要问，问明白再走，这样才能渐渐走到目的地。也就是说，光是空谈而不去实践，是无法克制自己的私欲、认识天理的，因此王阳明感叹：“天下大乱，只因空谈多而实践少。”

世界上有两种人：一是实于家，一是空想家。空想家不管怎样努力，都无法完成那些自己应该完成或是可以完成的事情；而实干家虽然没有空想家那样富丽堂皇的说辞，却往往能获得成功。

实干家比空想家做得成功，是因为他们总是采取持久的、有目的的行动，而空想家很少着手行动，或是刚开始行动便很快懈怠。实干家具备有目的地改变生活的能力，能够完成非凡的事业，不论是开一间自己的公司，写作一本书，竞选政府官员，还是参加马拉松比赛等。与此形成鲜明对比的是，空想家大多只是站到平庸的一边。

战国时候，秦国派王龁攻下上党，意欲进攻长平。

赵孝成王听到消息，命廉颇率二十多万大军驻守长平。廉颇叫兵士们修筑堡垒，深挖壕沟，跟远来的秦军对峙，做好长期抵抗的准备。

王龁几次三番向赵军挑战，廉颇说什么也不跟他们交战。秦昭襄王请范雎出主意。范雎说："要打败赵国，必须先叫赵国把廉颇调回去。"

过了几天，赵孝成王听到左右纷纷议论，说："秦国就是怕让年轻力强的赵括带兵。廉颇不中用，眼看就快投降啦！"

赵王听信了左右的议论，立刻把赵括找来，问他能不能打退秦军。赵括说："要是秦国派白起来，我还得考虑如何对付。如今来的是王龁要是换上我，打败他不在话下。"

赵王听了很高兴，就拜赵括为大将，去接替廉颇。

蔺相如对赵王说："赵括只懂得读父亲的兵书，不会临阵应变，不能派他做大将。"可是赵王对蔺相如的劝告听不进去，一意孤行，让赵括带领二十万大军去接替廉颇。

秦国得到赵括替换廉颇的消息，知道自己的反间计成功，就秘密派白起为上将军，去指挥秦军，白起一到长平，布置好埋伏，故意打了几场败仗。赵括不知是计，拼命追赶。白起把赵军引到预先埋伏好的地区，派出精兵二万五千人，切断赵军的后路；另派五千骑兵，直冲赵军大营，把四十万赵军切成两段。

赵括的军队，内无粮草，外无救兵，士兵叫苦连天，无心作战。赵括带兵想冲出重围，秦军万箭齐发，把赵括射死了。四十万赵军，就在纸上谈兵的主帅赵括手里全军覆没了。

赵括是个空谈家，自以为读过兵书，谙熟兵法，但没有亲身经历过战争，书本在他头脑中构筑出虚无缥缈的军事楼阁，然而在真实的刀光剑影中不堪一击，赵括因“纸上谈兵”而被作为空想家的代表贻笑千古。

良好的理论很重要，但是理论若不经过实践的检验，就不可能转化为实际应用中有效的力量。无论是空谈者，还是空想者，往往自以为有了知识就有了一切，这是极度错误的想法。

❖ 跟王阳明学心学智慧

掌握知识是为了应用，有了目标，要实干才能实现，否则，单凭空谈异想天开，将会导致重大的失误。因此，我们应少空谈，多实践。

懒惰人生最要不得

王阳明说：“懈怠的人，就像用来舂东西的杵，有二种事，一是不能自己支使自己，一天一天使用损坏。二是不能自立，丢到地上就躺在地上，天长日久渐渐不能使用。”在王阳明心中，他痛恨懒惰。中国的儒者常说“天道酬勤”，他们所谓的“勤”，不仅指勤于持家，还包括勤于治学，勤于修身、处事、立业等。孔子也要求他的学生勤勉地去做世上之事，即“敏于事”；《圣经》上说：勤勉的人常在君王左右。捷克教育家夸美纽斯极端鄙视懒惰，他称懒惰为“撒旦的蒲团”，认为当一个人饱食终日，无所事事时，就会想入非非，进而做出不道德之事。因此，智者的任务就在于不让任何人懒惰。

王阳明强调的是，一个人，天生两只手，就是要做事；生来一双脚，就是要走路；甚至眼睛要看、耳朵要听、嘴巴要讲话，都是天赋于人的本能。如果不用，人不就成为废物了吗？

其实，懒惰与贫穷还是孪生兄弟。因为懒惰，所以贫穷；因为贫穷，因此容易懒惰，它们互为因果。所以，一个人要想改变命运、改变贫穷，必须舍弃懒惰，要能勤劳精进。贫穷不可怕，可怕的是懒惰。一沾懒惰，富可变穷，穷或成恶，至无所不为。因此，对于“懒惰”一词，不可不深戒自儆也。

很久以前，在一个偏远的小镇上，有三个人坐在一个小旅店的外面。他们看见一个送葬的队伍经过，便让一个在小旅店工作的年轻人去打听打听是谁死了。

小伙子回来说：“是你们的老朋友，名叫‘成功’，他被一个看起来挺可爱的名叫‘懒惰’的贼悄悄地谋杀了。”三人中年龄最大的人转过身，对他的两个朋友说：“这个叫‘懒惰’的家伙到底是谁？为什么人们都讨厌他，他又为什么要谋杀人呢？咱们一起去找‘懒惰’，然后把他干掉，免得他再害人。”于是，他们打算去找“懒惰”，终止他的罪行。

他们走进小旅店，向旅店老板打听到哪儿才能找到那个叫“懒惰”的家伙。老板说：“沿着这条路走5公里，有一个村庄。最近，那里流行一种瘟疫，男女老少都吃了睡，睡了吃，根本无心做事。我敢肯定，在那个倒霉的地方，你们一定能找到那个叫‘懒惰’的家伙。”

三个人朝那个村庄出发了，他们精神抖擞，情绪高昂。他们刚刚走了3公里就碰上了一个相貌丑陋的老太太。他们嘲笑那老太太的皱纹和她的缕缕灰发，还取笑她的脏乱的衣服，尽管老太太神色惊慌，可是他们还是挡住她的路，不放她走。

“求求你们，给我让条路吧。”老太太哭泣道，“我告诉你们，‘懒惰’正在追缠着我，想杀死我，我必须逃掉，才能活下去。我不想死，赶快把路让开。”

“我们不会让开路的，”那个领头的人说，“快告诉我们到哪里才能找到那个叫‘懒惰’的家伙？他杀了我们的好朋友‘成功’，等我们找到他，我们一定要把他碎尸万段。”

那老太太说：“先生们，如果你们真想找到‘懒惰’的话，只要跑到那山顶上，看到一座红房子，你们就能找到它。”

三人听到这话，就放老太太走了。

他们跑上山走进那座红房子里，并没有发现‘懒惰’，却发现那座红房子简直就是天堂。房子里面有精美的食物，有无数好玩的器具，有舒适的床铺，有漂亮的衣服，还有用不完的金钱。在这里什么都不用做，只有享不尽的荣华富贵。三个人开心地看着这一切，很快就把寻找“懒惰”的事忘得一干二净。

从此以后，三个人什么也不做，只是吃喝玩乐，尽情享受。渐渐地，他们身体长得肥胖了，精神变得颓废了。由于什么都不愿做，疾病也渐渐缠上了身，但他们谁也不愿放弃这种舒适的生活，他们每天和那个看起来挺可爱的“懒惰”成了形影不离的好朋友。

有一天，他们突然看到“死亡”正微笑着走来。他们惊慌地想离开，而“懒惰”却紧紧地压迫着他们，不让他们动弹。就这样，三个人都被“死亡”带走了，和那个被“懒惰”杀死的“成功”埋在了一起。

看了这则寓言，你还认为懒惰是一种享受吗？其实，人多数是不懒惰的。你看，耳朵天生是要来听声音的，人们希望听得更远、更大声，发明了扩音机、广播机；眼睛天生是用来看世间万物的，但是人觉得不够，希望看得更高、看得更真，因此又发明了显微镜、望远镜；双脚天生应该是用来走路的，但人又希望能与时空竞赛，人们又发明了脚踏车、机车、汽车等。

惰性是人的一种天性，不过惰性的表现往往只不过是你自己的一个念头，只要你能够把这个念头打消，那么懒惰也就会从你的身上逃走了。赶走了懒惰的你，就自然而然地会从自己动手改造自己开始，你的许多实践，你的许多行动，都会在你的勤劳中获得回报。一旦你学会了一项新的技能，那么你将可以利用这项新技能提高你的人生质量，而这一提高，将会使你感到你是在主宰着你自己的人生。既然你已播下良种，又赶走了人的惰性，那么你就不可能没有美好的收获。

❖ 跟王阳明学心学智慧

人活在世上，一要懂得“春天不下种，何望秋来收？”不播种，如何有收成？不劳动，如何有成就？一个懒惰懈怠的人，即使才华过人，永远也用不到自己的长处；如此辜负“天生我才”，岂不可惜可悲吗？

处理事情要“因病而药”

何谓良药？专治一症而不偏的才称为良药。何谓良医？能用不同方法医治不同之人的才称为良医。问题不同，对应的解决方法也不同。王阳明曾经对弟子说：“日间功夫觉纷扰，则静坐、觉懒看书，则且看书。是亦因病而药。”这段话的意思是说，在白天看书学习的时候，可能会受到外界噪音等因素的影响，不容易专心，所以不妨静坐。假设觉得自己懒得看书的话，就去看书，这就是对症下药的道理。

“因病而药”，既是王阳明解决问题的方法和手段，也是他为人处世的一种哲学思想。说它是方法论，是因为王阳明遇事不盲目做决定，而是先把事情看准、看懂、看透，然后再选择合适的对策来解决；说它是哲学思想，是因为在王阳明看来，大千世界形色各异，到处都是让人眼花缭乱的事物，如果没有一双识别万物真面目的慧眼，心境就会经常处于“纷扰”的状态中，难成大事。王阳明之所以极力主张让人们内心“静下来”，其实就是让眼睛“亮起来”，分辨事物不同的本质，找到一针见血的解决方法。

华佗是东汉的名医，不论什么疑难杂症在他面前都能很快被攻克。一次，有一位名叫倪寻和李延的官吏同时头疼发热，于是一起去找华佗看病。华佗诊断病情之后，给倪寻开了泻药的方子，给李延开了发汗药的方子。两个人感到很奇怪，问华佗为什么一样的病症却开出了不同的药。华佗解释说：“倪寻的病是因为内伤引发的，而李延的病是由于外部受凉而引起的感冒。两个人的病因不一样，治疗的方法也不一样。”后来，他们二人回去后按照药方服药，结果第二天就都痊愈了。

神医华佗之所以能治好病，就在于他能够摸清病人身体有恙的症结所在，不被表面的现象所迷惑，因此才能迅速区分差别将病人治好。如果把

"对症下药"这四个字用在生活中，就是敦促人们在遇到问题时必须把握住两个步骤：一是找准问题的关键，分清楚主次矛盾；二是遇到问题要采取合理的措施，要有针对性和适用性。

孔子的学生子路曾经问他："听说一个很好的主张，是不是应该立即去做呢？"孔子回答："如果家里有父亲和兄长，应该先向他们请教，怎么能马上去做呢？"后来，学生冉有也如此问，孔子回答说："听到了就应该马上去做。"

学生公西华目睹此景，十分疑惑地问孔子："您为什么给他们两个完全不同的答案呢？"孔子解释道："冉有做事容易退缩，因此我要鼓励他；子路胆子大得惊人，做事容易冲动，因此我要抑制他。"

孔子一直倡导因材施教，其实就是用对症下药的方法对学生进行教育，于是在他的三千弟子当中涌现出了七十二位贤人。王阳明也是桃李满天下，他善于从不同的学生身上发现其独特的人格魅力，并坚定地认为每一个学生都可以被教导成为圣人。其实，对症下药恰恰印证了心学的最精妙之处，它将甄别每一颗心的不同当作了重要而神圣的命题。王阳明的一生中，曾经多次强调让大家倾听心声，就是为了让大家从社会大染缸之中寻找到属于自己的颜色，找到适合自身成长和发展的人生路线图。也只有在相似中寻找不同，我们才能获得最真切的感悟和最丰厚的人生业绩，这就是王阳明所倡导的做事情要"对症下药"。

实际上，要做到对症下药并不难，只要深入实际，做好调查研究，充分掌握第一手资料，便会很容易发现问题的本质。很多时候，我们之所以抱怨自己很迷茫很困惑，看不到未来的方向，是因为生活中的万物万事都被这个吞噬力极强的世界同化了外壳而已。它们的本质并没有发生多大的改变，所以只要经过仔细的观察，即使是双胞胎也能发现他们的细微之差。问题的关键仅仅在于，你能否真的静下心。不被急促的呼吸和混乱的思路困扰，这才能提高解决问题的能力。

❖ 跟王阳明学心学智慧

从更深层次的哲学层面上讲，当一个人能够将“对症下药”变成一种行为习惯的时候，也就是真正把这个世界剖析得比较透彻的时候。自然，他的认知水平就得到了全面的提升，站在了比普通人更高的水平上，处世的方法就会更灵活有效。

化整为零，循序渐进

弟子陆澄问道，“知识没有长进，该怎么办？”

王阳明回答说：“做学问首先要有个根基，循序渐进，然后从根基上下工夫。”

对于王阳明的这句话，道家学说用婴儿比喻，说得很精辟。婴儿在母亲的肚子里还未成形时只是一团气，什么知识都没有。待他出生后，方能够啼哭，而后能够笑，然后认识父母兄弟，既而可以站立、行走，能拿能背，最后世上的各种事情都会做了。这是因为婴儿的精气日益充足，筋骨也越来越有力气，头脑也越来越聪明。婴儿并非出生便具备了各种能力，所以要有个根基。

《论语 · 宪问》：“不怨天，不尤人，下学而上达，知我者其天乎？”朱熹注：“此但自言其反己自修，循序渐进耳。”就是说，如果一个人能够在生活中按照一定的步骤逐渐深入或提高，最终能够获得圣人的学问。

的确，当我们仰望一个伟大的目标时，总觉得这是不可能完成的。但是，当你把终极目标化整为零，使其成为一个一个小的目标时，你会发现，这很容易实现。成功无法一蹴而就，只有循序渐进，完成一个个小目标，才能离最终目标越来越近。

古时候，纪昌去拜箭法高手飞卫为师学习射箭，飞卫让他练好眼睛的基本功：他回家看妻子织布，练就圆睁眼睛，一点也不眨。飞卫让他练把小东西看成大东西的功夫，纪昌练到把头发上的小虱子看成车轮。飞卫这才教他射箭，后来纪昌成了一名百发百中的神射手。

如果飞卫对初学箭术的纪昌大讲特讲射箭的理论知识，而不是让他从练习瞄准开始，循序渐进地教学，纪昌将很难成为百发百中的神射手。做到循序渐进，最好的办法就是将大目标分化成许多小目标，这样达到目标就会变得简单快乐得多。正如俄国大文豪托尔斯泰所说的那样："人要有生活的目标：一辈子的目标，一个阶段的目标，一年的目标，一个月的目标，一个星期的目标，一天的目标，一小时的目标，一分钟的目标，还得为大目标牺牲小目标。"

这种简单的方法被许多成功人士采用。美国著名作家赛瓦里德说过："当我打算写一本二十五万字的书时，一旦确定了书的主题和框架，我便不再考虑整个写作计划有多么繁重，我想的只是下一节、下一页甚至下一段怎么写。在六个月中，除了一段一段开始外，我没想过其他方法，结果就水到渠成了。"

❖ 跟王阳明学心学智慧

无论是读书做学问，还是经营生活、工作，人们都不要畏惧过于遥远的目标，而是运用化整为零的方法，忙碌于一个又一个眼前可以企及的小目标，这样最终实现大目标。这就王阳明所说的"循序渐进，才能有所长进"的道理。

致良知要和事实结合

人心，就像玻璃瓶中的标本，有着血红色的容颜，有着清晰的纹路。然而如果将其终日浸泡在药液之中永远封存，那么这颗心就只能与世隔绝而百无一用。如果拿着它去辨识、比照和度量万物，那么这颗心就有了科学的使用价值。因此，一颗不经历练的心，只能泛着血红的色泽柔软脆弱，最终落得“孤芳自赏”的尴尬境地。只有心物结合，让世事磨砺那颗素心，才能打开通往成功之路的大门，踏上揭开生命真谛的圣道。

曾经有人问王阳明：“佛家总是讲求养心，但是这个理论却不能用来治理天下，这是为什么呢？”王阳明回答说：“吾儒养心，未尝离却事物，只顺其天则自然就是功夫。却要尽绝事物，把心看做幻相，渐人虚寂去了。与世间若无些子交涉，所以不可治天下。”这段话的意思是：佛家提倡的养心和儒家提倡的养心其实不是一回事，佛家的那个确实有点高端，高端到了已经摆脱了尘世的境界，甚至要求断绝一切人间事物，把心当成了一种虚无的幻觉，自然就无法治理天下；而儒家的养心仍然要指向于某个具体事物并且始终顺应天理而为，是很现实的哲学思想，所以才能为现实而用。

王阳明其实给我们列出了一个很有意思的公式，那就是“心＋万物＝实用派哲学”。简单解释一下，就是做事要经过心，然后与具体事物相联系，这样才能拥有一个好看又好用的处事原则，遇到问题也就不会一筹莫展了。

有一个县令是王阳明的忠诚粉丝，每次大师讲课他都亲临现场洗耳恭听。不过有一次，这位粉丝对王阳明说：“先生你讲课讲得这么精彩，但是我平时公务繁忙，没有那么多时间消化你的讲义，这该如何是好呢？”

王阳明回答说：“我可没有让你不去处理公务而研究心学，这本身就是违背心学宗旨的。既然你说自己没时间研究心学，那就不如在处理公务的时候把心学和它联系在一起，这才是我讲的‘格物’。”这位县令听了之后还是茫然无措，于是大师就给他举例子：“打个比方，当你正在审案子的时候，不要因为当事人无理取闹就勃然大怒，不要因为当事人甜言蜜语就喜笑颜开，不要因为当事人托了关系就另眼看待，不要因为当事人哭哭啼啼就心生怜悯，不要因为别人栽赃陷害就信以为真——假如你在审案子的时候能做到排除一切干扰完全听内心的指示，那么审案子就不是一件难事儿了。”

王阳明的这段话，其实就是在告诉县令要时刻反省自己，不要让心中的偏私影响了其主观独立判断的能力。当这位县令真的能做到这一点时，就已经完成了传说中的“致良知”。所以，即使是像审案子这样的事，只要与内在的良知相结合，就是最好的心学实践例子。

王阳明虽然是一个喜欢静坐、喜欢思考、喜欢钻山洞的奇人，但是他并没有脱离现实，也没有人说他腐朽、愚昧、呆头呆脑。因为王阳明和那种书呆子有着本质的差别。虽然后者也酷爱读书向往归隐生活，但是他们从来没有把心和物相结合，因此修炼的只是单纯的逻辑思维而已，无法学以致用。王阳明将万事万物结合在一起变成有实用价值的思想利器，其实这就是一种经由万物而致良知的思辨模式，也是心学和佛学之间有很大差别的一个所在。心学强调了生命活泼的特殊体验，虽然这一点和佛家的修炼心法很是相似，但是佛家却不讲究让天理和事物相结合，而只是为了出世或者渡人渡己。相比之下，用出世的心态去做入世的事，就是心学最闪光的亮点所在。当然，这与儒家倡导的“内圣外王”有着割舍不断的联系。

王阳明的一生通过对事物的深刻体验和思考，真正领略到了“良知”的魅力，也摸索出了一条“致良知”的康庄大道。王阳明认为不讲学就会让圣学不明不白，所以必须用足够丰富的语言阐述清楚才能达到目的。于是，王阳明通过讲课、研讨、著书等多种文化传播方式，培养了一大批继承了他思想的精英人物。如果不是王阳明如此“学以致用”、“知行合一”，他的心学恐怕传不了几天就会被束之高阁了。

❖ 跟王阳明学心学智慧

多让心和物相结合，用现实派哲学让你摆脱困境。当你真的能够熟练地把心作用在事上时，估计长眠在九泉之下的王阳明也会露出欣慰的笑脸——因为你用良知指导了实践，也就将心学发扬光大了。

让小事情成就大事业

《老子》曰："九层之台，起于累土。"一座坚不可摧的城堡，是由一粒粒泥沙堆积而成的，人生也是如此。漫漫人生路，是一步一个脚印走出来的。可是，很多人因为太过专注于长远规划和宏伟目标，而忽视了眼前的小事，不懂得一点一滴的积累，最后只能望着遥不可及的目标而兴叹。

王阳明曾经说过："我辈致知，只是各随分限所及。今日良知见在如此，只随今日所知扩充到底；明日良知又有开悟，便从明日所知扩充到底。如此方是精一功夫。"这句 话的意思是：人探索世界的秘密，只是八仙过海各显神通而已，今日探索到了一小步，就只能根据今日的理解将其延伸到底，而到了明天的时候，人的内心又产生了新的体验和感悟，那就继续从明天理解的程度再次延伸。只有遵循这种思考的方式，人才能真正地研究好一件事。

王阳明说这句话是为了告诫他的弟子做大事要从小事做起，注重积累。这与"一屋不扫，何以扫天下"的历史典故有异曲同工之妙。

东汉名士陈蕃十五岁的时候，独住一处不愿打扫卫生，屋子是又脏又乱。有一天，他父亲的朋友来看他，对他说："你怎么不打扫屋子来迎接客人？"

陈蕃说："大丈夫处世，应该打理天下大事，怎么能够打扫一间屋子呢？"父亲的朋友听后气愤地说："你连自己的屋子都不打扫，如何实现'扫天下'的理想呢？"

陈蕃被问得哑口无言。从此以后，他从小事做起，注重积累，最终成为东汉末期的名臣。

王阳明的这句话告诉我们一个道理：每个人的能力有大有小，有些事情我们暂时做不了，而别人做起来却非常容易，这时我们不必羡慕别人而望着自己的宏伟目标哀叹。我们需要做的是，把宏伟目标不断分割，直到分割成今天我们可以做的小事，然后从小事做起，一天一天地积累，那么宏伟目标就会离你越来越近。

山底下有一条小河，河里有一只青蛙，青蛙想看看传说中的大海是什么样子，于是它就问见识广博的苍鹰。

苍鹰说："这很容易啊，你爬上这座山顶就可以看见大海，我每天都能看到。"

青蛙看了看高耸入云的山头，叹了气说："这山太高了，你有翅膀而我没有，我上不去。"

苍鹰说："没有翅膀也可以上山啊，你看看人家小鹿。"

青蛙说："鹿的腿那么长，而我的腿这么短，它跳一次我得跳好几次。"

苍鹰想了想，除此之外也没有别的办法了，就飞走了。

青蛙看着苍鹰在天空翱翔的身影，羡慕不已，再看看自己，不禁叹息起来。

这时来了一只小松鼠，它问青蛙为什么叹气。青蛙说："我想到山顶看大海，可是我没有苍鹰的翅膀，也没有小鹿的长腿。唉，我是无法看到大海了。"

"你能跳上这个石阶吗？"小松鼠说完就跳上了一个石阶。

青蛙说："这有什么难。"说完，它也跟着跳了上去。

小松鼠说："通往山顶的路就是由这样的石阶组成的，你能跳上这个石阶也就能跳上别的石阶，只要你一级级石阶地跳下去，总有跳到山顶的那一天。如果你只是在羡慕别中感叹自己，那你永远也无法看到大海。"

从此，青蛙跟着松鼠跳石阶，累了就在山路上歇会儿，渴了就喝草丛上的露水，这样过了很多天，青蛙终于跳完了所有的石阶，到了山顶，看到了梦想中的大海。

这时候，苍鹰飞过来，很惊讶地问："青蛙，你是如何到达山顶的？"

青蛙说："你让我爬到山顶，我做不到。小松鼠教我跳石阶，这却是我能做到的。"

青蛙想看看大海的样子，苍鹰告诉它只要爬上山顶就能看到，可是在青蛙看来，这座山是它跨不过去的一道坎儿。小松鼠把这座山划分成了一级级石阶，它引导青蛙跳石阶，等石阶跳完了，青蛙也爬上了山顶。由此可见，实现梦想，必须从小事做起。从小事做起是一种良好的心态，它要求我们不好高骛远，只要人生的道路上每天进步一点点，时间久了，回过头来看看，你已经走上了一条康庄大道。

这在王阳明看来，不要把那些看似不起眼的事情当做一粒浮尘，因为这浮尘中很可能会蕴藏着很深的哲理和技巧。

❖ 跟王阳明学心学智慧

老子说："合抱之木，生于毫末；九层之台，起于累土；千里之行，始于足下。"有志于成就一番事业的人，必须要从眼前的小事做起，这样才能不断地提升素质。

附录：王阳明小传

王阳明，字伯安，名守仁，浙江余姚人。明朝伟大的哲学家、军事家、教育家、文学家，“心学”创立者。

少年时便胸怀大志，以“正心修身，平治天下”为己任，后因体弱多病，接触佛、道思想，并于家乡的“阳明洞”习道家导引术以养生，因此以“阳明”为号。

在做学问方面，王阳明强调以“立志”为要，“志不立，天下无可成之事，虽百工技艺，未有不本于志者”，“志立而习气渐消。学本于立志，志立而学问之功已过半矣”，凡事只要有一种持之以恒的志向，时刻为这个目标而努力，就有成功的可能。为帮助学生树立志向，王阳明还有针对性地提出了如何立志的方法，使学生们受益匪浅。

作为一个已彻悟了心灵奥秘的教育家，王阳明有着非凡的洞察能力，他往往能洞悉学生们内心的弱点，一针见血地指出他们身上的毛病，以及给出如何改正缺点的有效方法。如薛侃多悔，王阳明便告诫他说：“悔悟是去病之药，然以改之为贵。若留滞于中，则又因药发病。”指出一个人有改错之心是好的，但吸取教训后，就不要想那么多了，不然一味纠缠于已发生的错误当中，就会钻进牛角尖，因不断悔恨而时刻折磨自己。

对于如何正确思考问题，王阳明从“致良知”、“知行合一”的观点出发，也提出了自己的独到看法。如他说过：“良知愈思愈精明，若不精思，漫然随事应去，良知便粗了。”他认为做一件事时，如果只是不着边际地去思考，就会有毁誉、得失等各种杂念掺入其中，就会看不到事物的本质，得不出正确的结果。这种观点是很有见地的。

在平时的应事接物上，王阳明已臻于“道”的化境，悟到“心无所滞”的重要性。如他曾借除草的机会点化学生：“草有妨碍，理亦宜去，去之而已。偶未即去，亦不累心。若着了一分意思，即心体便有贻累，便有许多动气处。”指出平时做事时的态度，也应和除草时一样，要有一种圆活的心态，即使偶然做错了某些事，也要保持镇静，不必过于在意，这样所做的事情才不会变成心灵的累赘，从而轻装上阵，不为情绪所扰，把握住处理事情的正确方向。

……

王阳明长期与学生及友人论学，宣传自己的哲学思想和主旨。其著作主要有《阳明集》、《居夷集》、《抚夷集略》、《五经臆说》、《大学古本旁注》等。后来，他的学生徐爱、陆澄、薛侃、钱德洪等，把王阳明先生的著作及论学的语录、书信、诗赋等搜集起来，辑成《王文成公全书》（现称《王阳明全集》）共三十八卷。其中，《传习录》单独列为全书（集）第一篇，分上、中、下三卷，乃王阳明哲学思想中的精华部分，也是研习心学的重要经典。